NAPOLÉON

BONAPARTE,

SA VIE

CIVILE ET MILITAIRE,

RÉDUITE AUX SEULS FAITS.

DE L'IMPRIMERIE DE HOCQUET,
Rue du Faubourg Montmartre, n°. 4.

NAPOLÉON 1ᵉʳ EMPEREUR DES FRANÇAIS NÉ A AJACCIO EN CORSE LE 15 AOUST 1769.

Napoléon 1ᵉʳ

Empereur des français

Appliquons au guerrier qui fut tout et n'est rien
Ce mot qui peignait bien un fameux Cardinal : (✳)
„Il a fait trop de mal pour en dire du bien ;
„Il a fait trop de bien pour en dire du mal. „

Irmand....Cardinal de Richelieu.   Déposé à la Biblioth

NAPOLEON
BONAPARTE,
SA VIE
CIVILE ET MILITAIRE

RÉDUITE AUX SEULS FAITS,

Depuis l'instant de sa naissance, jusqu'à celui de sa retraite dans l'île d'Elbe; avec une foule de détails intéressans et officiels sur les expéditions d'Egypte, d'Espagne et de Russie.

Suivie d'ANECDOTES pour et contre ce Personnage célèbre, puisées dans les meilleures sources.

PAR CHARLES D***.

Auteur des *Vies de Henri IV et de Sully*.

~~~~~~

C'est un juste milieu que dans tout il faut prendre.

~~~~~~

PARIS,

CHEZ {
L'ECRIVAIN, Libraire, boulevard des Capucines, N°. 1;
LEDENTU, passage Feydeau;
DELAROQUE, boulevard des Panoramas.

1814.

AVIS PRÉLIMINAIR

ET IMPORTAN .

Rien de plus embarrassant à écrire que la vie d'un homme célèbre que l'on a loué, flagorné même de toutes les manières pendant quelques années, et que l'on couvre d'opprobre depuis quelques mois. Entreprendre une pareille tâche, c'est se mettre dans le cas de ce curieux, qui regarde les objets au travers d'une lunette d'approche : un côté les fait paraître trop grands, l'autre trop petits. Pour ne point s'égarer entre deux façons de voir si différentes, il faut que l'observateur, par une adroite compensation, réduise l'une et porte l'autre à son

juste point de vue. Nous essaierons cependant ce travail difficile, et tirant uni-
quement les faits (1) des divers écrits
publiés en divers tems pour ou contre
Bonaparte, nous tâcherons de décrire,
sans partialité, ce qu'il fut, ce qu'il est,
ce qu'il pouvait être. Nous ne parlerons
ni en bien, ni en mal de ceux qui l'ont
enivré d'encens; nous ne blâmerons, ni
ne préconiserons ceux qui le traînent
aujourd'hui dans la boue. Nous aimons
à penser que tous ont énoncé *leur opi-*
nion; et S. M. Louis XVIII, ayant so-

---

(1) La méthode que nous adoptons dans la
composition de ce petit ouvrage est infiniment
simple. Tous les faits qui nous ont semblé au-
thentiques sont consignés dans *la Vie* qui en
forme la partie première, et nous rejetons
dans la seconde, sous le titre général d'*Anec-*
dotes, tout ce qui nous a paru de moindre
importance ou plus sujet à contestation.

lennellement déclaré que personne ne serait recherché pour celles qu'il aurait émises, nous n'aurons garde de paraître moins tolérans que ce bon prince. Nous dirons même que les premiers, en tournant, par leurs adulations, la tête de l'homme qu'ils portaient jusqu'aux nues, n'ont pas moins contribué que les derniers, par leurs sanglantes diffamations, à l'heureux retour de notre monarque desiré, sur le trône de ses ancêtres ; et n'est-ce pas leur avoir une sorte d'obligation ?

Après ce court exposé, témoin irrécusable de la pureté de nos intentions, nous croyons, sans autre préambule, pouvoir entrer, dès ce moment, en matière.

NAPOLÉON
BONAPARTE;
SA VIE
CIVILE ET MILITAIRE,

RÉDUITE AUX SEULS FAITS.

———

BONAPARTE naquit en 1769, à Ajacio, en Cors l'une famille noble, mais dit-on, mal partagée des dons de la fortune. Son parrain fut le célèbre Paoli. On lui conteste et le prénom de Napoléon et l'époque précise de sa naissance, qu'il fixe au quinze du mois d'août; fidèles à notre système d'impartialité, nous ne prononcerons point sur un article si peu important. Nous n'approfondirons pas davantage les motifs de l'intérêt que lui témoigna sans cesse monsieur de Marbœuf, son zélé protecteur, qui gouvernait la Corse au nom de la France. Madame Bonaparte joignait alors les grâces de la jeunesse à l'éclat de la beauté ; c'était assez pour que la malignité cherchât à envenimer les égards qu'avait peut-être pour elle un homme tout puissant dans l'île qu'elle habitait.

Quoiqu'il en soit, recommandé par monsieur de Marbœuf au Maréchal de Ségur, Ministre de la Guerre, le jeune Bonaparte fut placé, à l'âge de dix ans, à l'école de Brienne, et se distingua bientôt par son activité, son aptitude et ses succès. Il n'était pas moins remarquable par un caractère sombre et ami de la solitude, qui l'engageait à fuir les enfans

de son âge et leurs aimables étourde-
ries. Cela suffit pour le faire regarder
comme une espèce de sauvage que rien
ne pouvait apprivoiser. Cependant le
sauvage n'était pas rebuté par l'aridité
des sciences exactes dans lesquelles on
ne peut lui refuser d'avoir fait des progrès rapides, surtout dans l'étude de
l'histoire, des mathématiques et des
fortifications, qui avait pour lui des
charmes que ne lui offrait pas celle de la
langue latine.

S'il ne fut pas l'ami, il sut se rendre,
dans toute la force du terme, *le maître*
de ses camarades ; incapable de se plier
à leurs jeux, il leur fit adopter les siens,
qui se reportaient tous à ses études. Il
renouvela dans l'école les luttes du Cir-
que de Rome et du stade d'Olympie ;
l'hiver, il élevait, avec la neige accumu-
lée, des forteresses dont tantôt il défen-

dait l'approche, tantôt il formait le
siège en habile tacticien. Chaque élève
était possesseur d'un petit jardin qu'il
devait cultiver lui-même. Aucun n'était,
aussi bien que celui de Bonaparte, soi-
gné et mis à l'abri des ravages d'une
jeunesse folâtre; il s'en était constitué
le gardien, s'y tenait isolé pendant les
récréations, et malheur à qui venait y
déranger quelque chose; les coups de
poings tombaient sur lui comme la grêle;
on a vu même un élève poursuivi à
coups de pioche par l'étudiant solitaire,
qui voyait une insulte dans la curiosité
ou l'indiscrétion de ceux qui le déran-
geaient de ses travaux, ou le détournaient
de sa lecture favorite. Plus d'une fois ses
maîtres punirent sévèrement ce qu'ils
traitaient d'insociabilité. Les humilia-
tions ne firent qu'aigrir davantage cette
âme fière; il dédaigna de se justifier et

son ermitage ne lui en devint que plus cher. Le châtiment qui l'affecta le plus fut de se voir do. capitaine qu'il était (l'école de Brienne était organisée, à peu près, comme l'est actuellement l'école polythecnique), réduit, pour une escapade de ce genre, à prendre le dernier rang à la suite de ses camarades, déclaré *indigne de les commander et dépouillé de ses décorations.*

Bonaparte quitta l'école de Brienne en 1784, à la suite d'une promotion qui le faisait entrer à l'Ecole militaire de Paris; arrivé dans cette ville, son goût et l'espoir d'un avancement plus facile lui firent choisir le service de l'artillerie. Il subit avec succès tous les examens, et fut nommé officier d'artillerie au régiment de La Fère.

La révolution qui éclata bientôt, trouva d'abord en lui un de ses plus

zélés partisans. Il en soutint les opinions
avec tant de force contre d'autres officiers de son régiment, que la dispute
s'étant renouvelée, dans une promenade
au bord de l'eau, ceux-ci le saisirent et
se disposèrent à l'y précipiter. Mais revenus à des idées plus pacifiques, ils se
contentèrent de la frayeur qu'une telle
action dût naturellement lui causer.

En 1790 il passa en Corse avec Paoli,
il y resta trois ans, et mit ce tems à
profit pour se perfectionner dans la théo-
rie de l'art militaire; mais la révolte
ayant éclaté dans cette île, Bonaparte
avec sa famille vint s'établir aux environs
de Toulon. Bientôt après il obtint du
service à la reprise de cette ville sur les
Anglais. On le vit un jour, presque seul,
au milieu des canoniers épars et baignés
dans leur sang, charger, fouler, poin-
ter sa pièce, et vomir la mort au milieu

des assiégés ; acte d'intrépidité qui lui
valut de la part du représentant du peuple (1) en mission dans le midi, le bre-
vet de général d'artillerie ; cette dis-
tinction parut encore animer son zèle,
et ce fut à lui que l'on attribua, dans le
tems, la retraite de l'ennemi.

Après la rentrée des troupes françaises
dans Toulon, Bonaparte se rendit à
Nice, où le représentant Befroi le fit arrêter comme terroriste ; mais l'examen
de ses papiers n'ayant fourni contre lui
aucune preuve, il fut remis en liberté.
On voulut ensuite le faire passer dans
l'infanterie ; il vint à Paris pour récla-
mer contre cette injustice, n'obtint rien,

---

(1) L'auteur de *Bonaparte peint par lui-
même* dit que ce représentant était Robes-
pierre le jeune.

et dans son dépit, sollicita la permission, qui lui fut aussi refusée, de se retirer à Constantinople.

Il reprit donc ses travaux dans la retraite, jusqu'à la fameuse journée du 13 vendémiaire, où, commandant en second sous Barras, il fut chargé de défendre la Convention, et foudroya sur les marches de St.-Roch et dans toute la rue St.-Honoré les sections de Paris armées contre la représentation nationale. Ce fut une terrible affaire que celle-là. Elle fit une grande impression, malgré ce mot d'un général qui cherchait à la justifier : « Messieurs, dit-il, en s'adressant à ceux qui l'entouraient, ne jugeons point sans connaître ; les Parisiens ne savent pas toute l'obligation qu'ils ont à Bonaparte ; s'il eût suivi à la lettre tous les ordres qui lui ont été donnés, jamais journée n'eût été plus sanglante. »

Bonaparte avoua lui-même qu'il dût son avancement rapide à l'affaire du 13. En effet, il ne tarda pas à être nommé général en chef de l'armée d'Italie. C'est ici que s'ouvre pour lui la carrière la plus glorieuse.

L'armée sans magasins, sans habits, sans discipline, était réduite à la défensive sur les stériles rochers de Gênes ; reprenant bientôt courage et l'offensive, elle remporta en dix jours les victoires de Montenotte, Millésimo, Dego et Mondovi. Le fruit de ces exploits fut un armistice demandé par le roi de Sardaigne, qui remit entre les mains des Français les forteresses de Tortone et de Coni.

Beaulieu, général autrichien, voulut s'opposer au passage du Pô. Bonaparte le franchit inopinément à Plaisance, mit l'ennemi en pleine retraite sur Lodi, dont il le délogea à la suite d'un combat livré sous les murs de la ville. Beaulieu rangea alors son armée en bataille sur la rive gauche de l'Adda, et défendit le passage du pont qu'il n'avait pas eu le tems de couper ; trente bouches à feu le foudroyaient de toutes parts : les généraux Berthier, Masséna et plusieurs autres chefs, voyant que le succès dépend de l'audace, se précipitent à la tête des rangs ; la colonne française les suit, emporte le pont, renverse tout ce qui s'oppose à elle ; l'ordre de bataille de Beaulieu est rompu, ses troupes sont dispersées, et la victoire la plus complette est le prix de l'intrépidité française.

Bonaparte, dans son rapport au Directoire, à la suite de cette brillante affaire, s'exprimait ainsi :

« Si nous n'avons perdu que *peu de monde*, nous le devons à la promptitude de l'exécution, et à l'effet subit qu'ont produit sur l'ennemi les masses et les feux redoutables de notre invincible colonne. S'il fallait nommer tous les militaires qui se sont distingués dans cette bataille, je serais obligé de nommer tous les carabiniers de l'avant-garde, et presque tous les officiers de l'état-major ; mais je ne dois point oublier l'intrépide Berthier, qui fut dans cette journée canonnier, cavalier, grenadier. »

La prise de Pavie, de Pezzigthone, de Crémone, de Milan, et de toute la Lombardie, suivit cette victoire. Beaulieu, qui s'était retiré derrière le Mincio, est encore forcé dans cette position, va se former dans les gorges du Tyrol, et cède le commandement au général Wurmser, qui, après quelques succès, battu à son tour à Lonado, à Castiglione, à Salo, à Gavardo, laisse entrer les Français dans la ville de Trente.

A Lonado, tout semblait perdu. Un parlementaire se présente et déclare que la gauche de l'armée française étant cernée, son général fait demander si les Français veulent se rendre. « Allez dire à votre général, répond Bonaparte, que s'il a voulu insulter l'armée française, je suis ici ; que c'est lui-même et son corps qui sont prisonniers ; qu'il a une de ses colonnes coupée à Salo, et par le passage de Brescia à Trente ; que si dans huit minutes, il n'a pas mis bas les armes, que s'il fait tirer un seul coup de fusil, je fais tout fusiller. Débandez les yeux à monsieur : voyez le général Bonaparte au milieu de sa brave armée républicaine ; dites à votre général qu'il peut faire une bonne prise. »

Tandis que tout se prépare pour l'attaque, le général ennemi demande à capituler. « Non, répond Bonaparte, vous êtes prisonnier de guerre. » Il veut se consulter; mais déjà notre artillerie légère s'avance, et il s'écrie : « Nous sommes tous rendus. » Douze cents hommes venaient d'en forcer 4260 rangés en bataille et défendus par quatre pièces de canon.

L'armée française traversa ensuite les gorges de la Brenta, en dépit de la position formidable des Autrichiens; mais un avantage que remporta Wurmser au pont et au village de la Ceria, sauva les restes de son armée, et lui donna les moyens de se retirer à Mantoue, pour attendre cinquante mille hommes que l'empereur son maître faisait filer en Italie, sous les ordres des généraux Alvinzi et Davidovich.

Il s'agissait d'empêcher la jonction de
ces armées. Bonaparte passa l'Adige et
attaqua le village d'Arcole, que défen-
daient un régiment de Croates et quelques régimens hongrois, bien moins
que la force de sa position au milieu des
canaux. Ce village arrêta toute une journée notre avant-garde, malgré l'effort
des généraux qui furent presque tous
blessés. L'intrépide Augereau porta un
drapeau jusqu'à l'extrémité du pont, et
y resta plusieurs minutes, sans produire
aucun effet. Bonaparte y vient ensuite
en personne, rappelle à ses soldats le
passage de Lodi, et voyant renaître leur
enthousiasme; saute à bas de cheval,
saisit un drapeau, s'élance à la tête des
grenadiers, et court sur le pont en
criant : « Suivez votre général. » (1)

_____

(1) Un écrivain célèbre qui conteste à N.

La colonne aussitôt s'ébranlé, et les Français vainqueurs tuent 4000 Autrichiens, en font 5000 prisonniers, et s'emparent de huit pièces de canon. Mais avant ce triomphe, ils s'étaient trouvés forcés de reculer au moment même où l'ennemi allait prendre la fuite. C'est alors que les généraux Vignolle et

---

poléon sa bravoure, raconte, au sujet du passage de ce pont, que réellement Bonaparte l'effectua seul et *à cheval*, en présence de cinquante bouches à feu ; mais voici comme il rend moins admirable ce trait d'intrépidité :

« Au moment où tous les soldats refusaient d'avancer, il *choisit* dans un de ses régimens un drapeau *presque blanc*, et s'élança sur le pont avec la rapidité de l'éclair. L'ennemi trompé, crut que c'était un parlementaire et ne tira pas un coup de fusil. »

Laquelle faut-il croire de ces deux relations? L'auteur de *Bonaparte peint par lui-même* ne parle aucunement de celle-ci.

Lasne furent blessés, et que l'aide-de-camp du général en chef Muiron fut tué.

Le général en chef et et son état-major furent culbutés ; le général en chef lui-même fut renversé avec son cheval dans un marais, d'où on le retira sous le feu de l'ennemi : il remonta à cheval, la colonne se rallia, et l'ennemi n'osa sortir de ses retranchemens. (Extrait presque littéralement du rapport du général Berthier.)

A cette nouvelle, le Corps-Législatif décréta que les drapeaux *tricolores* que les généraux Bonaparte et Augereau avaient portés au pont d'Arcole leur seraient donnés à titre de récompense.

Les batailles de Rivoli et d'Anghiari ne furent pas moins favorables aux armées des Français ; Mantoue capitula, Venise ouvrit ses portes, les monts

Tyroliens virent flotter nos étandards sur leur cime orgueilleuse; mais pour être vaincus, ces peuples n'étaient pas entiè-rement asservis ; des insurrections écla-tèrent à Milan, à Pavie et dans quel-ques autres villes. Voici le compte que Bonaparte, lui-même rendit au Direc-toire.

« Au quartier-général de Peschiera, le 30 prairial an 4.

» J'ai à vous rendre compte de la conspiration de Pavie, du combat et de la prise de cette ville.

» Je partis de Milan pour me rendre à Lodi ; je ne laissai à Milan que les troupes nécessaires au blocus du châ-teau. Je sortis de cette ville, comme j'y était entré, au milieu *des applau-dissemens et de l'allégresse* de tout un peuple réuni. J'étais bien loin de penser

que cette allégresse était son ite ; que
déjà les traines étaient ourdies ; et une
lâche trahison sur le point d'éclater.

» J'étais à peine arrivé à Lodi que le
général Despinoy, commandant à Milan, m'apprit que trois heures après
mon départ, l'on avait sonné le tocsin
dans une partie de la Lombardie ; que
l'on avait publié que Nice était pris par
les Anglais ; que l'armée de Condé était
arrivée par la Suisse, sur les confins du
Milanais, et que Beaulieu, renforcé par
60,000 hommes, marchait sur Milan.

» Les prêtres, les moines, le poignard et le crucifix à la main, exitaient
à la révolte et provoquaient l'assassinat;
de tout côté, et par tous les moyens,
on sollicitait le peuple à s'armer contre
l'armée. Les nobles avaient renvoyé
leurs domestiques, disant que l'égalité
ne permettait pas d'en tenir. Tous les

affidés de la maison d'Autriche, les sbires, les agens des douanes se montrèrent au premier rang; le peuple de Pavie, renforcé de 5 à 6000 paysans, investit les 300 hommes que j'avais laissés dans le château. A Milan, on essaye d'abattre l'arbre de la liberté; on déchire et l'on foule aux pieds la cocarde tricolore. Le général Despinoy, commandant de la place, monte à cheval; quelques patrouilles mettent en fuite cette populace aussi lâche qu'effrénée. Cependant la porte qui conduit à Pavie est encore occupée par les rebelles, qui attendent à chaque instant les paysans, pour les y introduire : il fallut pour les y soumettre battre le terrible pas de charge; mais, *à la vue de la mort*, tout rentre dans l'ordre.

» A peine instruit de ce mouvement, je rebroussai chemin avec 300 chevaux et un bataillon de grenadiers. Je fis arrêter à Milan une quantité d'otages; j'ordonnai qu'on *fusillât* ceux qui avaient été pris les armes à la main : je déclarai à l'archevêque, au chapitre, aux moines et aux nobles, qu'ils me répondaient de la tranquillité publique.

» La municipalité taxa à trois livres d'amende par domestique qui avait été licentié. La tranquillité consolidée à Milan, je continuai mon chemin sur Pavie; le général de brigade Lasne, commandant la colonne mobile, attaqua Binasco, où 7 à 800 paysans voulaient se défendre; il les chargea, en tua une centaine et éparpilla le reste. Je fis sur le champ *mettre le feu* au village : quoique nécessaire, ce spectacle n'en était pas moins *horrible*. J'en fus douloureusement affecté; mais je prévoyais *que des malheurs plus grands menaçaient la ville de Pavie.*

» Je fis appeller l'archevêque de Milan, et je l'envoyai porter au peuple de Pavie la proclamation ci-jointe ; mais en vain.

» Je me portai à la pointe du jour sur Pavie ; les avant-postes des rebelles furent culbutés ; la ville paraissait garnie de beaucoup de monde, et en état de défense. Le château avait été pris et mes troupes prisonnières. Je fis avancer l'artillerie, et après quelques coups de canon, je sommai les misérables de poser les armes et d'avoir recours à la générosité française ; ils répondirent que *Pavie avait des murailles et qu'ils ne se rendraient pas.*

» Le général Dammartin fit placer de suite le sixième bataillon des grenadiers en colonnes serrées, la hache à la main, avec deux pièces de huit en tête ; cette foule immense se dispersa, se re-

fugìa *dans les caves* et sur les toits, es-
sayant en vain, en jetant des tuiles, de
nous disputer l'entrée des rues.

» Trois fois l'*ordre de mettre le feu*
à la ville expira sur mes lèvres, lorsque
je vis arriver la garnison du château,
qui avait brisé ses fers et venait avec
des cris d'allégresse, embrasser ses li-
bérateurs.

» Je fis faire l'appel, il se trouva
qu'il n'en manquait aucun. Si le sang
d'un seul Français eût été versé, je
voulais élever *des ruines de Pavie* une
colonne, surlaquelle j'aurais fait écrire:
Ici était la ville de Pavie. J'ai fait *fusiller* la municipalité, arrêter *deux
cents otages* que j'ai fait passer en
France. Tout est aujourd'hui tranquille,
et je ne doute pas que cette leçon ne
serve de règle au peuple d'Italie. »

Ces révoltes et beaucoup d'autres

furent réprimées, et les préliminaires
de la paix furent signées à Léoben.
La paix elle-même se conclut à Campo-
Formio, mais après quelques lenteurs,
après surtout que Bonaparte impatienté
des obstacles qu'on lui opposait, se
fut prononcé, avec la plus grande
véhémence. Un jour, pendant le cours
des négociations, il se lève, saisit un
superbe cabaret de porcelaines, et le
brise en mille morceaux, en s'écriant :
« Eh bien ! c'est ainsi que je vous bri-
serai tous, puisque vous le voulez ! »

Cette paix réunissait à la France les
Pays - Bas, elle ôtait à l'Autriche la
Lombardie, le Milanais, les fiefs im-
périaux, et lui donnait en échange la
Dalmatie, l'Istrie et Venise dégénérée
de son ancienne splendeur. Elle affer-
missait la république Cisalpine, qui ne
tarda pas à se transformer en *royaume*

d'Italie, lorsque la République Française eut échangé son titre et sa liberté imaginaire contre la qualification d'Empire Français.

Un congrès s'assembla à Rastadt, pour traiter de la paix générale. Bonaparte nommé l'un de ses membres, *en fit exclure* le comte de Fersen, ambassadeur de Suède, et le congrès fut rompu, sans avoir rempli son objet.

Cet espoir évanoui, il fut question d'opérer en Angleterre une descente ; mais il fallut y renoncer, et les préparatifs servirent en partie à l'invasion d'Egypte, expédition dont on ignora long-tems le but, même après le départ de la flotte ; tout ce que l'on en savait, c'est que Bonaparte en avait la direction.

Arrivé le 21 floréal an 6 (10 mai 1798.) à Toulon, pour prendre le commandement de la flotte, il adressa la proclamation suivante à sa nouvelle armée :

» Soldats, vous êtes une des ailes de l'armée d'Angleterre : vous avez fait la guerre de montagnes, de plaines, de siéges; il vous reste à faire la guerre maritime. Les légions romaines que vous avez quelquefois imitées, *mais pas encore égalées*, combattaient.Carthage tour-à-tour sur cette même mer, et aux plaines de Lama. La victoire ne les abandonna jamais, parce que constamment elles furent braves, patientes à supporter les fatigues, disciplinées et unies entre elles.

» Soldats, l'Europe a les yeux sur vous , vous avez de grandes destinées à remplir, des batailles à livrer ; des dangers, des fatigues à vaincre : vous ferez plus que vous n'avez fait pour la prospérité de la patrie, le bonheur des

hommes et votre propre gloire... Soldats,
matelots, fantassins, canonniers, cavaliers, soyez unis : souvenez-vous que
le jour d'une bataille, vous avez tous
besoins les uns des autres. Soldats
matelots, vous avez été jusqu'ici négli-
gés ; aujourd'hui la plus grande sollici-
tude de la république est pour vous,
vous serez dignes de l'armée dont vous
faites partie. Le génie de la république,
dès sa naissance l'arbitre de l'Europe,
veut qu'elle le soit des mers et *des contrées les plus lointaines*. »

Six jours après, la flotte sortit de
Toulon : elle était composée de 194
voiles, portant à peu près 19,000 hommes de débarquement, non compris
2,000 hommes environ, d'employés,
artistes, savans, etc. Un convoi parti
de Civita-Vecchia, la joignit, vingt-un
jours après, à la vue de l'île de Gozzo.

La première opération de l'armée fut la prise de Malte, qui se rendit après une opiniâtre résistance. A quelques lieues d'Alexandrie, Bonaparte fit une nouvelle proclamation datée du vaisseau *l'Orient*, le 4 messidor an 6, pour recommander la discipline la plus sévère, le respect des personnes, des propriétés et de la religion du pays où l'on allait aborder. On y trouve ce paragraphe :

« Les peuples avec lesquels nous allons vivre, sont mahométans ; leur premier article de foi est celui-ci : *Il n'y a d'autre dieu que dieu, et Mahomet est son prophète*. Ne les contredisez pas ; agissez avec eux comme nous avons agi avec les Juifs, avec les Italiens, ayez *des égards* pour leurs muphtis et leurs imans, comme vous en avez eu pour les rabbins et les évêques ; ayez pour les cérémonies que prescrit l'alcoran, pour les mosquées, *la même tolérance* que vous avez eue pour les couvens, pour les synagogues, pour la religion de Moyse et de Jésus-Christ. »

Enfin l'on débarqua dans la rade de la ville, qui fut attaquée, capitula après une faible résistance et fut en effet respectée par les vainqueurs. Leur chef conclut un traité avec les Arabes, et loin de fronder leurs coutumes religieuses, il parla de Mahomet comme d'un grand homme digne du respect de toutes les nations. Dans sa première proclamation aux habitans d'Alexandrie, on remarquait cette phrase : « Cadis, Cheiks, Imans, Tchorbadjys, dites au peuple que nous sommes de vrais musulmans. N'est-ce pas nous qui avons détruit le Pape ? etc. »

D'Alexandrie, l'armée prit la route du Caire, elle battit les Mamelucks et les Arabes rassemblés pour lui disputer le passage à Rhamanié, à Chabrane. La cavalerie des Mamelucks chercha envain à entamer nos troupes ; partout elle trouva une ligne impénétrable ; vingt fois elle essaya de charger, mais sans l'oser ; enfin elle prit le parti de la retraite.

Le 22 messidor (10 juillet) au matin, l'armée aperçut les pyramides, et le soir elle n'était plus qu'à six lieues du Caire. Elle trouva les vingt-trois Beys retranchés avec toutes leurs forces à Embabé. Bonaparte les fit attaquer dans leurs retranchemens par les généraux Desaix et Rampon, et malgré leur bonne contenance et quelques sorties que l'on sut prévoir, la victoire se déclara pour les Français, Presque tous les Mamelucks furent détruits ; deux mille hommes de cavalerie, et la plupart

des Beys périrent dans cette affaire;
Mourad-Bey, leur chef, fut blessé à la
joue; plus de 400 chameaux chargés
et cinquante pièces d'artillerie devinrent
la proie du vainqueur.

La reddition du Caire suivit de près
cette brillante journée; mais ayant d'y
faire son entrée, Bonaparte adressa aux
habitans la proclamation suivante:

» Peuple du Caire, *je suis content de
votre conduite*, vous avez *bien fait* de
ne pas prendre parti contre moi. Je suis
venu *pour détruire la race des Mamelucks*, protéger le commerce et les na-
turels du pays: que tous ceux qui ont
peur se tranquilisent! que ceux qui se
sont éloignés rentrent dans leurs maisons! que les prières aient lieu aujour-
d'hui comme à l'ordinaire, comme *je
veux* qu'elles continuent toujours; ne
craignez rien pour vos femmes, vos mai-

sons, vos propriétés et surtout *pour la religion que j'aime.* »

Le combat d'Aboukir, si funeste à la marine française, ne tarda pas à se livrer. Voici comme Bonaparte s'exprimait sur cette fatale journée dans sa lettre au Directoire.

« *Il me paraît* que l'amiral Bruéis n'a pas voulu se rendre à Corfou avant qu'il fût certain de ne pas pouvoir entrer dans le port d'Alexandrie, et que l'armée dont il n'avait pas de nouvelles depuis long-tems, fut dans une position à n'avoir pas besoin de retraite. Si, dans ce funeste événement, il a fait des fautes, il les a expiées par une mort glorieuse. *Les destins ont voulu,* dans cette circonstance *comme dans beaucoup* d'autres, prouver que s'ils nous accordent la prépondérance sur le continent, ils ont donné *l'empire des mers à nos ri-*

vaux. Mais quelque grand que soit ce revers, il ne peut être attribué à l'inconstance de la fortune, *elle ne nous abandonne pas encore :* bien loin de là, elle nous a servis dans cette operation *au-delà de ce qu'elle a fait jamais.*

« Quand j'arrivai devant Alexandrie, et que j'appris que les Anglais y étaient passés en force quelques jours avant, malgré la tempête affreuse qui régnait, *au risque de me naufrager,* je me jetai à terre. *Je me souviens* qu'à l'instant où les préparatifs de débarquement se faisaient, on signala dans l'éloignement au vent une voile de guerre, c'était la *Justice.* Je m'écriai : FORTUNE ! *m'abandonnerais-tu? quoi, seulement cinq jours !..* Je marchai toute la nuit. J'attaquai Alexandrie à la pointe du jour avec *trois mille* hommes *harrassés, sans canons et presque sans cartouches et dans les cinq jours*, j'étais maître de Rosette, de Demanhour, c'est-à-dire déjà établi en Egypte. *Dans les cinq jours* l'escadre devait se trouver a l'abri des Anglais, *quelque fut leur nombre*; bien loin de là, elle reste exposée pendant tout le reste de messidor; elle reçoit de Rosette, dans les premiers jours de thermidor, un approvisionnement de riz pour deux mois. Les Anglais se laissèrent voir en nombre supérieur pendant dix jours dans ces parages; le 11 thermidor, elle apprend la nouvelle de l'entière possession de l'Egypte, et de notre entrée au Caire. Quand *la fortune* voit que toutes ses faveurs nous sont *inutiles*, elle *abandonne* notre flotte au *destin*. «

Ibrahim-Bey fuyait vers la Syrie, Bonaparte résolut de le poursuivre avec d'autant plus de vigueur, qu'il avait connaissance d'un traité de paix conclu

entre l'Angleterre et la Turquie, et qu'il
devait s'attendre à être attaqué par ces
deux puissances, de ce côté même et de
celui de la mer. Tous les ports de l'E-
gypte étaient bloqués ; il ne recevait
plus aucune nouvelle de France, depuis
l'affaire d'Aboukir. Il fit donc ses dispositions ; mais il voulut auparavant visiter
les pyramides , et s'écria à leur aspect :
« Du haut de ces pyramides, *quarante
siècles nous contemplent.* »

Il organisa le gouvernement du Caire,
y établit un Institut , une bibliothèque,
un laboratoire de chimie. La plus grande
tranquillité n'avait pas cessé d'y régner.
Tout-à-coup éclate une insurrection
terrible qu'on n'a pas su prévoir ; le général Dupuy est tué, la maison Cafarelli
est pillée ; sa garde, ses agens sont égorgés ; tous les Français qui sont rencon-
trés par les rebelles éprouvent le même

sort. Les Arabes se montrent aux portes
de la ville. Aussitôt la générale est bat-
tue, les Français s'arment; ils se réunis-
sent en colonnes mobiles; attaquent les
insurgés, en font un carnage horrible;
la victoire se déclare pour eux. Alors
Bonaparte suspend le cours de ses ven-
geances, et adresse aux habitans la proclamation suivante.

« Habitans du Caire !

» Des hommes pervers avaient égaré
une partie d'entre vous ; ils ont péri.

» Dieu m'a ordonné d'être miséricordieux pour le peuple. J'ai été clément
et miséricordieux envers vous.

» J'ai été fâché contre vous, à cause
de votre révolte; je vous ai privé de
votre divan, mais aujourd'hui je vous
le restitue. Schérifs, Imans, Orateurs
des mosquées, faites bien connaître au
peuple, que ceux qui, de gaîté de cœur,

se déclareraient mes ennemis, *n'auront de refuge ni dans ce monde ni dans l'autre.* Y aurait-il un homme assez aveugle pour ne pas voir *que le destin lui-même dirige toutes mes opérations?* Y aurait-il quelqu'un assez incrédule pour révoquer en doute que tout, dans ce vaste univers, *est soumis à l'empire du destin?* Faites connaître au peuple que depuis que le *monde est monde*, il est écrit qu'après avoir détruit les *ennemis de l'Islamisme*, fait abattre *les croix*, je viendrais du fond de l'Occident remplir la tâche qui m'a été imposée. Faites voir au peuple que dans le livre du Coran, dans plus de vingt passages, ce qui arrive était prévu, et ce qui arrivera est également expliqué.

» Que ceux donc que la seule crainte de mes armes empêche de nous maudire, changent; car en faisant au ciel des vœux contre nous, ils sollicitent leur condamnation. Que les vrais croyans fassent des vœux pour la prospérité de mes armes.

Je pourrais demander compte à chacun de vous des sentimens les plus secrets de son cœur; *car je sais tout, même ce que vous n'avez dit à personne.* Mais un jour viendra que tout le monde verra avec la plus grande évidence que *je suis conduit par des ordres supérieurs, et que tous les efforts humains ne peuvent rien contre moi.* Heureux ceux qui, de bonne-foi, seront les premiers à se mettre avec moi. »

Cette proclamation fit un tel effet, que la grande mosquée du Caire retentit d'un cantique à la louange du général français. Voici l'une des strophes de ce

4

cantique : « Les braves de l'Occident adorent le grand Allah ; ils respectent les lois de son prophète ; ils aiment le peuple et secourent les opprimés. Voilà pourquoi le *favori de la victoire* est aussi le favori du grand Allah. Voilà pourquoi les braves de l'Occident sont protégés par le bouclier invincible du grand Allah. »

Lorsque tout fut pacifié, Bonaparte se mit en marche sur Suez, où il fit son entrée. L'armée traversa d'immenses déserts, dispersa les troupes turques dans les plaines de Ghazah, et s'empara de la ville. Zaffa résistait davantage, l'assaut fut ordonné ; la ville et le fort pris et la garnison passée au fil de l'épée. A la suite de tant de sang répandu, la peste se mit dans la ville. C'est à ce sujet que l'on attribua dans le tems à Bonaparte le trait sublime qui a fourni à M. Gros le principal trait de son tableau des pestiférés.

Le 27 ventôse (17 mars), l'armée arriva devant Saint-Jean-d'Acre ; la tranchée fut ouverte et le siége poussé avec vigueur; mais il fallut le lever pour repousser les nombreux renforts qui arrivaient de toutes parts à l'ennemi. Les Français livrèrent bataille aux Mamelucks et les battirent complettement dans les plaines du Mont-Thabor. Le siége de Saint-Jean-d'Acre fut repris avec une nouvelle vigueur jusqu'au 28 floréal (17 mai), que Bonaparte fit afficher la proclamation ci-après, adressée à l'armée française :

« Soldats ! vous avez traversé le désert qui sépare l'Afrique de l'Asie, avec plus de rapidité qu'une armée arabe. L'armée qui était en marche pour envahir l'Egypte est détruite; nous avons pris son général, son équipage de campagne, ses bagages, ses outres, ses chameaux. Vous vous êtes emparés de toutes les places fortes qui défendent les puits du désert. Vous avez dispersé, aux champs de Mont-Thabor, cette nuée d'hommes accourus de toutes les parties de l'Asie, dans l'espoir de piller l'Egypte. Les trente vaisseaux que vous avez vu arriver devant Acre, il y a douze jours, portaient l'armée qui devait assiéger Alexandrie; mais obligée de courir à Acre, elle y a fini ses destins ; une partie de ses drapeaux orneront votre entrée en Egypte. Enfin, après avoir, avec une poignée d'hommes, nourri la guerre pendant trois mois dans le cœur de la Syrie, pris quarante pièces de campagne, cinquante drapeaux, fait six mille prisonniers, rasé les fortifications de Ghazah, de Jaffa, Caïffa, Acre, nous allons rentrer en Egypte; *la saison du débarquement* m'y rappelle.

» Encore quelques jours et vous aviez l'espoir de prendre le pacha même; au milieu de son palais; mais dans cette saison, la prise du château d'Acre ne vaut pas la perte de quelques jours; les braves que je devrais d'ailleurs y perdre sont *aujourd'hui* nécessaires pour des opérations *plus essentielles.*

» Soldats! nous avons une carrière de dangers et de fatigues à parcourir. Après avoir mis l'Orient hors d'état de rien faire contre nous cette campagne, il nous faudra *peut-être* repousser les efforts d'une partie de l'Occident; vous y trouverez une nouvelle occasion de gloire; et si, au milieu de tant de combats, chaque jour est marqué par la mort d'un brave, il faut que de nou-

veaux braves se forment et prennent
rang tour-à-tour parmi ce petit nombre qui donne l'élan dans les dangers et
maîtrise la victoire. »

Voici comme le général Berthier, dans
sa *campagne d'Egypte et de Syrie*, mo-
tive cette retraite.

« Bonaparte, dit-il, vit le but de son
expédition *rempli*. L'armée, après avoir
traversé le désert, avait déconcerté les
plans de ses ennemis par l'audace et la
rapidité de ses mouvemens. Elle avait
dispersé aux champs d'Edredon et du
Mont-Thabor vingt-cinq mille cavaliers
et dix mille fantassins..... Le château
d'Acre ne paraissait pas disposé à se
rendre ; quelques jours de plus don-
naient l'espoir de prendre le pacha dans
son palais. Cette vaine gloire ne pouvait éblouir Bonaparte; il touchait au
terme du tems qu'il avait destiné à l'ex-

pédition de Syrie. Les saisons des débarquemens en Egypte y rappelaient impérieusement l'armée pour s'opposer aux débarquemens et aux tentatives de l'ennemi. La peste faisait des progrès effrayans en Syrie ; déjà elle avait enlevé sept cents hommes aux Français ; et, d'après les rapports recueillis à Sour, il mourait *journellement plus de 60 hommes* devant la place d'Acre. »

Pendant les préparatifs du retour en Egypte, l'armée repoussa plusieurs sorties de l'ennemi. Mais enfin, se voyant forcé de lever le siége, le général en chef, ainsi qu'il l'écrivit lui-même au Directoire, fit placer une batterie de 24 et des mortiers qui jouèrent pendant soixante - douze heures, rasèrent les maisons de Diezzar et les principaux monumens, de sorte que *le feu fut constamment dans la ville.*

Il ordonna ensuite le départ de l'armée qui, après des fatigues inouies, arriva le 26 prairial (15 juin) au Caire, où elle entra en se déployant dans 'ordre de parade.

Il y eut, comme on pouvait s'y attendre, une infinité de révoltes dans la plupart des contrées occupées par les Français. Celle de l'Ange El-Mahdy, n'est pas une des moins remarquables. En voici les détails extraits du rapport du général en chef.

« Au commencement de floréal, une scène, la première de ce genre que nous ayons encore vue, mit en révolte la province de Bahhyreh. Un homme venu du fond de l'Afrique, débarqué à Derneh, arrive, réunit des Arabes, et se dit l'Ange El-Mahdy, annoncé dans le Coran par les prophètes: deux cents Mey-

hrebyñs arrivent quelques jours après,
comme par hasard, et viennent se ranger
sous ses ordres. L'Ange El-Mahdy doit
descendre du ciel : cet imposteur prétend être descendu du ciel au milieu du
désert ; lui qui est nu, prodigue l'or
qu'il a l'art de tenir caché. Tous les
jours il trempe ses doigts dans une jatte
de lait et les passe sur ses lèvres : c'est la
seule nourriture qu'il prend. Il se porte
sur Damenhour , surprend soixante
hommes de la légion nautique que
l'on avait eu *l'imprudence* d'y laisser, au lieu de les placer dans la redoute de Rhamanié ; et les égorge. En-
couragé par ce succès, il exalte l'imagi-
nation de ses disciples ; il doit, en jetant un peu de poussière sur nos canons, empêcher la poudre de prendre,
et faire tomber devant les vrais croyans,
les balles de nos fusils. Un grand nombre

d'hommes atteste cent miracles de cette nature qu'il fait tous les jours.

« Le général de brigade Lefèvre partit de Rhamanié avec 400 hommes, pour marcher contre l'Ange ; mais voyant à chaque instant le nombre des ennemis s'accroître, il sent l'impossibilité de *pouvoir* mettre à la raison une si grande quantité d'hommes fanatisés. Il se range en bataillon carré, et *tue toute la journée* ces insensés qui se précipitaient sur nos canons, ne pouvant revenir de leur prestige. Ce n'est que la nuit que ces fanatiques, comptant leurs morts (*il y en avait plus de mille*) et leurs blessés, comprennent que Dieu ne fait plus de miracles.

» Le 19 floréal, le général Lanusse, qui s'était porté avec la plus grande activité par-tout où il y avait des ennemis à combattre, arrive à Damenhour, passe

quinze cents hommes au fil de l'épée ;
un monceau de cendres indique *la place*
où fut Damenhour. L'Ange El-Mahdy,
blessé de plusieurs coups, sent lui-
même son zèle se refroidir ; il se cache
dans le fond des déserts, environné encore de partisans ; car dans les têtes fa-
natisées, il n'y a point d'organes par où
la raison puisse pénétrer. »

Un mois après son retour au Caire,
Bonaparte se rendit avec les gardes à
pied et à cheval aux pyramides de Giseh,
où le général Murat eut ordre de le re-
joindre. Ce fut là qu'il apprit le débarquement des Anglais à Aboukir ; la reddition de la place et le danger que cou-
rait Alexandrie. Aussitôt il partagea ses
troupes, en envoya une partie à la pour-
suite de Mourad-Bey, destina le reste à
surveiller les environs du Caire, à passer
le Nil, à protéger les approvisionnemens,

etc., etc. Toutes ces dispositions mené-
rent jusqu'au 7 thermidor; alors on attaqua l'ennemi, et malgré les secours
fournis par les Anglais, le fort d'Aboukir
fut sommé, bombardé; bientôt il ne
présenta plus que des ruines en flammes
et des monceaux de pierres. Alors l'ennemi jeta ses armes et implora la clé-
mence du vainqueur. C'est ainsi que
cette conquête fut encore préservée
pour un tems de l'irruption des Arabes
et des Anglais.

Tout-à-coup Bonaparte instruit de
ce qui se passe en France, prend la résolution de revenir en Europe. Le général Berthier seul connaît son dessein.
Deux frégates, un aviso et une tartane
sont armés, Kléber est chargé du commandement; et le général en chef s'em-
barque le 7 fructidor.

On ignore comment il échappa aux

Anglais. Les uns disent qu'ils ne connurent son départ que lorsqu'il ne fut plus tems de s'y opposer, d'autres qu'ils le laissèrent passer sous une condition qu'il éluda par la suite. Un fait certain, c'est qu'il débarqua à Fréjus (1), dans la première quinzaine de Vendémiaire, sans avoir observé les lentes formalités de la *quarantaine*.

Une lutte scandaleuse s'était élevée entre les grands pouvoirs de l'état, et les honnêtes gens tremblaient que les révolutionnaires fougueux ne reprissent une prépondérance trop long-tems funeste. Le Conseil des Anciens, par un décret du 18 brumaire, transféra le Corps-Législatif à Saint-Cloud, et char-

_____

(1) Ou plutôt à Saint-Raphaux, petit port à peu de distance.

gea Bonaparte de l'exécution du décret, en mettant à sa disposition toutes les troupes qui se trouvaient alors à Paris.

Le lendemain 19, les autorités constituées, le général et la force armée, obéissant au décret de la veille, étaient à St.-Cloud. Le Conseil des cinq-cents tenait une séance des plus tumultueuses. Tout-à-coup le général entre accompagné de quatre grenadiers et laissant dans la pièce qui précède des officiers généraux et des soldats. Une foule de membres se récrie : d'autres s'élancent au milieu de la salle, prennent Bonaparte au collet et le repoussent en criant : *Hors la loi ! à bas le dictateur !* plusieurs même, lèvent, dit-on, leur poignard contre lui. Le général Lefèvre et quelques grenadiers entrent précipitamment, crient : « sauvons notre général ! » et l'entraînent.

La discussion prend un caractère plus violent, jusqu'à ce qu'un peloton de grenadiers entre dans la salle, l'arme portée, s'approche de la tribune et enlève le président (Lucien Bonaparte). Nouveaux débats qui sont interrompus par le terrible pas de charge battu dans l'escalier même ; bientôt un corps de grenadiers du Corps-Législatif paraît dans la salle ; un chef de brigade de cavalerie somme les représentans de l'évacuer ; ils résistent, l'ordre est donné aux soldats de les y contraindre, et s'exécute au bruit d'un roulement de tambours qui étouffe les cris de *vive la république*, poussés à haute voix par les expulsés.

Avant de parler des résultats de cette journée, voyons ce qui se passait au Conseil des Anciens. Buonaparte y tenait ce discours :

« Représentans du peuple!

» Vous n'êtes point dans des circonstances ordinaïres, vous êtes sur un vol-
can. Permettez-moi de vous parler avec
la franchise d'un soldat, avec celle
d'un citoyen zélé pour le bien de son
pays ; et suspendez , je prie, votre jugement jusqu'à ce que vous m'ayez en-
tendu *jusqu'à* la fin. J'étais *tranquille*
à Paris, lorsque je reçus le décret du
Conseil des Anciens qui me parla de
ses dangers, de ceux de la république :
à l'instant j'appelai, je retrouvai mes
frères d'armes, et nous vînmes *vous*
donner notre appui. Nos intentions
étaient *pures*, désintéressées ; et pour
prix du dévoument que nous avons
montré , hier déjà on nous abreuva de
calomnies. *On parlait d'un nouveau*
César, *d'un nouveau Cromwel ;* on

répandait *que je voulais établir un gouvernement militaire.*

. » *Si j'avais voulu opprimer la liberté de mon pays*, si j'avais voulu *usurper l'autorité suprême*, je ne me serais pas rendu aux ordres que vous m'avez donnés, je n'aurais pas eu *besoin* de recevoir des ordres du Sénat. Plus d'une fois et dans des circonstances extrêmement favorables, j'ai été appelé à la prendre.... La patrie n'a pas de plus zélé défenseur que moi. Je me dévoue tout entier pour faire exécuter vos ordres : mais c'est sur vous seuls que repose son salut, car il n'y a plus de Directoire. Quatre des magistrats qui en faisaient partie ont donné leur démission.... Le Conseil des Anciens est investi d'un grand pouvoir, mais il est encore animé par une plus grande sagesse..... Evitons de perdre ces deux choses pour lesquelles nous avons fait tant de sacrifices ; *la liberté et l'égalité.*

» — Et la constitution de l'an 3, s'écria un député :

» — La constitution ! vous convient-il de l'invoquer.... ne l'avez-vous pas foulée aux pieds le 18 fructidor, au 22 floréal, au 28 prairial ? La constitution ! n'est-ce pas en son nom qu'on a organisé toutes les tyrannies depuis qu'elle existé ?...Je vous déclare qu'aussitôt que les dangers seront passés, *j'abdiquerai* le commandement qui m'est confié. Je ne veux être, à l'égard de la magistrature nommée par vous, que *le bras qui la soutiendra:* » Puis se tournant vers quelques militaires entrés avec lui dans la salle : « Camarades, leur dit-il, tournez sur moi vos bayonnettes, si jamais j'abandonne la cause sacrée de la liberté. »

Un gouvernement provisoire fut créé, sous le titre de commission consulaire exécutive, composée de Bonaparte et des ex-directeurs, Syeyes et Roger-Ducos. Les nouveaux consuls prêtèrent serment, et le lendemain entrèrent en exercice.

Le feu des guerres civiles s'était rallumé dans la Vendée ; le traité de Campio-Formio avait été violé ; nos armées en Italie étaient dans un état effroyable de pénurie et de désorganisation, Bonaparte devenu premier Consul par la nouvelle constitution qui créait un Sénat, un Corps-législatif et un Tribunat, fit proposer à l'Angleterre un armistice qu'elle refusa, motivée sur ce que le changement qui venait d'avoir lieu dans le gouvernement de la France n'en apportait aucun au système adopté par elle. La réponse de Sa Majesté Britanique se terminait ainsi :

« Le garant le plus naturel, et le meilleur en même tems, et de la réalité et de la stabilité de ce changement, se trouverait dans *le rétablissement de cette race de Princes*, qui durant tant de siècles, surent maintenir au dedans la prospérité de la nation Française, et lui assurer de la considération et du respect au dehors. Un tel événement aurait écarté à l'instant et *dans tous les tems il écartera* les obstacles qui s'opposeraient aux négociations de la paix. Il assurerait à la France la jouissance incontestable *de son ancien territoire*, et donnerait à toutes les autres nations de l'Europe, par des moyens tranquilles et paisibles, la sécurité qu'elles sont maintenant forcées de chercher dans d'autres moyens. »

Bonaparte peu tenté de faire un pa-

reil accommodement, a recours à la loi de
la conscription dont l'abus a plongé tant
de familles dans le deuil et dans les
larmes. Il tourne ensuite ses vues sur
l'Italie, marche contre elle avec 80,000
hommes, qui franchissent les Alpes, les monts St.-Bernard, Simplon
et St.-Gothard, traversent le Tésin,
entrent dans Milan, passent le Pô, cul-
butent l'ennemi, le mettent en déroute,
s'emparent de ses magasins et de son
artillerie. Tels sont en peu de jours les
exploits de l'armée Française.

Alors le premier Consul adressa à ses
troupes une proclamation qui se terminait ainsi :

« L'ennemi épouvanté n'aspire plus
qu'à regagner les frontières.....

» Mais aura-t-il donc *impunément*
violé le territoire Français ? laisserez-
vous retourner dans ses foyers l'armée

qui a porté l'allarme dans vos familles ?
Vous courez aux armes !.... Eh bien !
marchez à sa rencontre, opposez-vous
à sa retraite, arrachez-lui les lauriers
dont il s'est paré, et par-là apprenez au
monde que la malédiction est sur les
insensés qui osent insulter le territoire
du grand peuple. »

Il leur avait dit quelques mois auparavant :

« Ce ne sont pas vos frontières qu'il
faut défendre, ce sont les états ennemis
qu'il faut envahir. »

Bonaparte livra au général Mélas une
bataille générale et décisive, dans les
plaines de Montebello ; les Autrichiens
crurent un moment y remporter la
victoire ; mais un secours amené à propos par le général Watrin changea la
face du combat ; l'ennemi prit la fuite,
laissant la terre couverte de morts et de

mourans, et six mille prisonniers au pouvoir des Français.

Bientôt les Autrichiens ayant reçu du renfort, voulurent prendre leur revanche. Ils firent des prodiges de valeur tellement soutenus que notre aile gauche commençait à se retirer en désordre. Instruit par le général Berthier de qui se passait, le premier Consul arrive, parcourt les rangs, et par ce peu de mots ranime le courage des siens : Soldats, leur dit-il, souvenez-vous que mon habitude est de ne jamais coucher sur le champ de bataille. » Il fait sonner alors le terrible pas de charge; les bataillons ennemis sont enfoncés de toute parts, et la journée de Marengo prend place au milieu des journées les plus célèbres dans les fastes françaises. Pourquoi faut-il qu'elle soit attristée par la perte du général Desaix qui donnait,

bien jeune encore, les plus hautes es-
pérances. Cependant cette mort, arrivée sous les yeux du soldat, l'enflamme
du désir de la vengeance. Il se préci-
pite avec fureur sur les phalanges enne-
mies, et malgré la nuit qui survint, il
en fit un carnage affreux. L'ennemi
perdit 13,000 hommes, tant tués que
blessés ou faits prisonniers, sept généraux, douze drapeaux et vingt-six
pièces de canon.

Une suspension d'armes suivit cette
victoire; des places fortes furent re-
mises aux Français, dont le général en
chef revint à Milan réorganiser la république cisalpine, et de-là à Paris, en
passant par Lyon, où il promit de faire
disparaître les vestiges des dévastations
révolutionnaires.

De son côté, le général Moreau ob-
tenait en Allemagne des succès non

moins éclatans, et menaçait la capitale de l'Autriche. L'empereur, après beaucoup d'hésitations, céda au besoin de la paix, et le traité fut signé à Lunéville. L'Autriche perdit le Brisgaw, les Pays-Bas, la Lombardie et la Toscane ; elle reçut en échange la plus forte partie des états de Venise. Voici comment s'exprimait à ce sujet le message des Consuls au Corps-Législatif :

« La paix du continent est telle que le voulait le peuple français ; son premier vœu (du peuple français) fut la limite du Rhin ; des revers n'avaient point ébranlé sa volonté, des victoires *n'ont point dû ajouter à ses prétentions.*

» Après avoir replacé les anciennes limites de la Gaule, il devait *rendre à la liberté* des peuples qui lui étaient unis par une commune origine, par le rapport des intérêts et des mœurs. La

6

liberté de la Cisalpine et de la Ligurie *est assurée*. Après ce devoir, il en était un autre que lui imposaient la justice et la générosité. Le roi d'Espagne *a été fidèle à notre cause*, et a souffert pour elle. Ni les revers, ni les insinuations perfides de dos ennemis *n'ont pu le dé-tacher* de nos intérêts. Il sera payé d'un juste retour : un prince de son sang va s'asseoir sur le trône de Toscane.... Par ce traité, *tout est fini pour la France* ; elle n'aura plus à lutter contre les for-mes et les intrigues d'un congrès....

....» Donnons un coup-d'œil rapide sur les événemens qui suivirent la paix de Lunéville. Bonaparte se fit nommer pré-sident de la République Cisalpine ; la Vendée fut pacifiée ; la paix signée avec l'Angleterre à Amiens ; la religion et l'é-ducation furent un peu moins négligées; de grandes constructions des routes uti-

les , des canaux immenses furent entre-
pris. Tant de gloire eut dû satisfaire l'am-
bition du Premier Consul ; mais non
content de gouverner la France, il voulut
avoir un titre qui assurât son gouvernement et sur-tout en éternisât la durée.

Le 18 floréal an 10 (8 mai 1802)
le Sénat prit un arrêté conçu en ces
termes :

« Art. Ier. Le Sénat-Conservateur ,
au nom du peuple français, témoigne
sa reconnaissance aux Consuls de la république (*).

« Art. 2. Le Sénat-Conservateur
réélit le citoyen Napoléon Bonaparte,
Premier Consul de la république française, pour dix années qui suivront im-

_____

(1) Les 2e. et 3e. étaient messieurs Cam-
bacérès et Lebrun, nommés en remplacement
de messieurs Syèys et Roger-Ducos.

médiatement les dix années pour lesquelles il a été nommé par l'art. 59 de
la Constitution.

Art. 3. Le présent sénatus-consulte
sera transmis, par un message au Corps-
Législatif, au Tribunat et aux Consuls
de la république. »

Voici la réponse de Bonaparte, datée
du lendemain :

« Sénateurs,

» La preuve honorable d'estime consignée dans votre délibération du 18,
sera toujours gravée dans mon cœur.

» Le suffrage du peuple m'a investi
de la suprême magistrature, je ne me
croirais pas assuré de sa confiance, si
l'acte qui m'y retiendrait n'était encore
sanctionné par son suffrage.

» Dans les trois années qui viennent
de s'écouler, *la fortune* a souri à la république; mais la fortune est inconstante;

et combien d'hommes qu'elle avait comblés de ses faveurs , *ont vécu trop de quelques années !*

» *L'intérêt de ma gloire* et l'intérêt de mon bonheur sembleraient avoir marqué le terme de ma vie publique du moment où la paix du monde est proclamée.

» Mais la gloire et le bonheur du citoyen doivent se taire , quand l'intérêt de l'état et la bienveillance publique l'appellent.

» Vous jugez que je dois au peuple *un nouveau* sacrifice : *je le ferai* , si le vœu du peuple me commande ce que votre suffrage autorise. »

Le 20 floréal, arrêté du Sénat , portant que le peuple sera consulté sur cette question :

« Napoléon Bonaparte sera-t-il Consul à vie ? »

Le 10 thermidor, le Premier Consul invite le Sénat à faire le dépouillement des registres sur lesquels les votes ont été inscrits; et le 14, le Sénat déclare que sur 3,577,259 citoyens votans, Bonaparte a réuni 3,568,185 suffrages, et qu'en conséquence, Napoléon Bonaparte est proclamé Premier Consul à vie.

Une nouvelle charte consacra ce principe, et fut nommée la constitution de l'an 10.

Quelques mois s'écoulèrent, et dans les premiers jours de l'année suivante, Bonaparte adressa cette proclamation aux Suisses:

Saint-Cloud, 8 vendémiaire an 11.

« Habitans de l'Helvétie,

» Vous offrez, depuis plusieurs années un spectacle affligeant. Des factions

opposées se sont successivement empa-
rées du pouvoir ; elles ont signalé leur
empire passager par un système de partialité qui accusait leur faiblesse et leur
inhabileté.

» Dans le courant de l'an 10, votre
gouvernement a désiré que l'on retirât le
petit nombre de troupes françaises qui
étaient en Helvétie. Le gouvernement
français a saisi volontiers cette occasion
d'honorer votre indépendance ; mais,
bientôt après, vos différens partis se
sont agités avec une nouvelle fureur ; le
sang des Suisses a coulé par la main des
Suisses !

» Vous vous êtes disputés trois ans
sans vous entendre : si l'on vous abandonne plus long-tems à vous-mêmes,
vous vous tuerez trois ans sans vous entendre davantage. Votre histoire prouve
d'ailleurs que vos guerres intestines n'ont

jamais pû se terminer que *par l'inter-vention* efficace de la France.

» Il est vrai que j'avais pris le parti de ne me mêler en rien de vos affaires : j'avais vu constamment vos différens gouvernemens me demander des conseils et ne pas les suivre , et quelquefois abuser de mon nom ', selon leurs intérêts et leurs passions.

» Mais je ne puis, *ni ne dois* rester insensible au malheur auquel vous êtes en proie, *je reviens sur ma résolution :* je serai le *médiateur* de vos différens ; mais ma médiation sera efficace , telle qu'elle convient au grand peuple , *au nom duquel je parle.*

(Suivent les dispositions générales.)

» De mon côté, j'ai le droit d'attendre qu'aucune ville, aucune commune, aucun corps ne voudra rien faire *qui contrarie* les dispositions que je vous fais connaître.

» Habitans de l'Helvétie, revivez à l'espérance ! ! !...

» Votre patrie est sur le bord du précipice ; elle en sera immédiatement tirée...

» Mais si, ce que je ne puis penser, il existait parmi vous un grand nombre d'individus qui eussent assez peu de vertu pour ne pas sacrifier leurs passions et leurs préjugés à l'amour de la patrie, peuple de l'Helvétie, vous seriez bien dégénérés de vos pères ! ! !...

» Il n'est aucun homme sensé qui ne voie que la médiation dont je me charge, est un bienfait de cette Providence qui, au milieu de tant de bouleversemens et de chocs, a toujours veillé à l'existence et à l'indépendance de votre nation, et que cette médiation est le seul moyen

qui vous reste pour sauver l'une et
l'autre.

» Car il est tems enfin que vous son-
giez que si le patriotisme et l'union de
vos ancêtres fondèrent votre république,
le mauvais esprit de vos factions.... la
perdra infailliblement ; et il serait *pénible* de penser qu'à une époque où plusieurs républiques se sont élevées, le
destin eût marqué la fin d'une des plus
anciennes. »

Bonaparte appuya sa proclamation
de l'appareil militaire. Plusieurs corps
de troupes françaises entrèrent en Suisse;
et, après quelque résistance, il fut re-
connu *Médiateur de la Confédération
Suisse.*

Sur ces entrefaites, l'Infant, duc de
Parme ayant cessé d'exister, le premier Consul, par un arrêté du 1er. brumaire an 11, déclara les Etats de Parme,

de Plaisance, de Guastalla, etc., propriété inhérente de la République française.

Le reste de l'année se passa en voyages dans les départemens, pendant lesquels *le Consul et son épouse Joséphine reçurent les félicitations* de tous les cantons qu'ils parcoururent.

Le traité d'Amiens fut rompu, et la guerre avec l'Angleterre recommença par l'invasion du Hanovre, sa propriété continentale.

Les deux puissances opposèrent proclamation à proclamation. Celle du général français était ainsi conçue :

« HANOVRIENS !

« Une armée française entre sur votre territoire; elle y vient, non pour répandre la consternation dans vos campagnes, mais pour soustraire la portion du continent que vous habitez à un

Gouvernement *ennemi du repos de l'Europe*, et qui se fait gloire de fouler aux pieds tous les principes du droit des gens et des nations civilisées.

» Le premier Consul, fidèle aux sentimens de modération et d'humanité *qui le distinguent aussi éminemment que ses vertus politiques et guerrières*, le premier Consul a vainement *épuisé tous les moyens de conciliation* pour prévenir une rupture.

» Le roi d'Angleterre, parjure à ses engagemens les plus sacrés, *a faussé sa signature*, en refusant d'évacuer Malte, ainsi qu'il s'y était solennellement obligé par le traité d'Amiens; il a donné le signal des hostilités, et dès-lors il demeure seul responsable devant Dieu et les hommes, des calamités que le fléau de la guerre pourrait attirer sur les États soumis à sa domination.

» Je suis instruit que des proclama-
tions *dictées par la plus aveugle fureur*
vous ont été faites pour vous engager
dans une lutte qui doit vous être étran-
gère. Gardez-vous d'une agression *aussi*
insensée qu'inutile, et dont vous seriez
seuls les victimes.

» Hanovriens! je vous promets sûreté et protection, si, consultant vos
véritables intérêts, vous séparez votre
cause de celle d'un souverain, qui, *en*
brisant tous les liens de la bonne foi,
vous a, par là même, *affranchis de*
l'attachement que vous auriez cru devoir lui porter.

» La discipline la plus sévère régnera
parmi les troupes que je commande.
Vos personnes, vos propriétés seront
respectées; mais en retour j'exige de
vous les procédés qu'on a droit d'attendre d'un peuple paisible. »

7

L'empereur de Russie et le roi de Prusse avaient offert leur médiation pour terminer les différens élevés entre la République française et l'Angleterre; mais le cabinet britannique ne voulut pas l'accepter que les troupes françaises n'eussent évacué l'Hanovre. Bonaparte réponditqu'il y consentirait volontiers, à condition que les Anglais évacueraient Malte. Sa proposition, comme l'on pouvait s'y attendre, n'yant pas été accueillie, le général Mortier acheva de s'emparer du reste du pays.

Vers le même tems plusieurs conspirations contre la vie du premier Consul éclatèrent successivement. La plus certaine et la plus horrible par ses conséquences, fut celle du 3 nivôse; ses effets ne tendaient pas à la destruction d'un seul homme, mais elle devait entraîner, comme de fait elle entraîna,

celle d'une infinité de personnes. Tout
le monde sait qu'une machine infernale
éclata au coin de la rue Saint-Nicaise,
au moment où la voiture du premier
Consul venait de passer devant. Les
subalternes exécuteurs du complot furent arrêtés et punis; mais les auteurs
en demeurèrent long-tems inconnus.
On crut devoir en accuser un peuple
voisin ; ses magistrats repoussèrent le
soupçon avec une noble indignation, et,
sans déguiser leur haine contre le chef
de la France, ils affirmèrent qu'elle
n'allait pas jusqu'à se couvrir d'une tache
inéfaçable. Georges et ses co-accusés, qui
ne furent mis en jugement que long-tems
après, nièrent aussi leur participation à
cette œuvre de ténèbres, tout en avouant
une conspiration tendante à attaquer le
premier Consu ; mais, dirent-ils, *à*
main armée, et non par des voies que

réprouve l'honneur; ils périrent la plupart sur l'échafaud. Le général Moreau,
qu'une longue suite de services et de
triomphes n'avaient pu mettre à l'abri
de la même accusation, fut banni de la
France, et choisit sa retraite dans les
Etats-Unis d'Amérique.

Il nous reste à parler d'un fait, qui,
eût-elle été d'ailleurs sans reproche,
suffirait pour ternir l'éclat de la vie de
Bonaparte. Le duc d'Enghien, dernier
rejeton de l'illustre famille de Condé,
habitait depuis trois ans environ une
propriété qu'il avait acquise à Ettenheim,
dans le Brisgaw, soumis aux lois de
l'électeur de Bade. Le premier Consul,
instruit de cette résidence, se persuada,
ou feignit de croire, qu'Etteinheim et
Offenbourg, ville du même électorat,
étaient les foyers des conspirations
dirigées contre sa personne. Il or-

donna en conséquence à deux déta-
chemens français d'entrer sur le territoire de l'électeur, qu'il en prévint par
une lettre dont l'exécuteur de ses ordres
était porteur; la lettre paraît avoir été
remise le 22 ventôse an 12. Le 24, à
deux heures du matin, le duc d'Enghien
fut enlevé de sa retraite, amené prisonnier dans la citadelle de Strasbourg,
et de-là transféré à Vincennes. Il entra
dans cette funeste prison le 29 ventôse
(20 mars), et fut jugé, condamné
et exécuté en moins de trois heures.

Le 6 germinal, le Sénat, *interprète
de la volonté du peuple français*, sup-
plia le premier Consul *d'achever son
ouvrage en le rendant immortel comme
sa gloire.*

Voici la réponse qu'il reçut de Bonaparte.

« Sénateurs,

« Votre adresse du 6 germinal dernier n'a pas cessé d'être présente à ma
pensée ; *elle a été l'objet de mes mé-
ditations les plus constantes.*

» Vous avez jugé l'hérédité de la
suprême magistrature nécessaire pour
mettre le peuple français à l'abri des
complots de nos ennemis et des agita-
tions qui naîtraient d'ambitions rivales.
Plusieurs de nos institutions vous ont
en même tems paru devoir être perfec-
tionnées pour assurer sans retour le
triomphe de la liberté et de l'égalité
publiques, et offrir à la Nation et au
Gouvernement la double garantie dont
ils ont besoin.

» Nous avons été constamment gui-
dés par cette grande vérité que la souveraineté réside *dans le peuple fran-*

çais, en ce sens que tout, sans exception, doit être pour son intérêt, pour
son bonheur et pour sa gloire. C'est
afin d'atteindre ce but, que la suprême
magistrature, le Sénat, le Conseil-d'E-
tat, le Corps-Législatif, les Corps élec-
toraux sont et doivent être institués.

» A mesure que j'ai arrêté mon at-
tention sur ces grands objets, je me
suis convaincu d'avance de la vérité des
sentimens que je vous ai exprimés, et
j'ai senti de plus en plus que dans une
circonstance aussi nouvelle qu'impor-
tante, les conseils de votre sagesse et
de votre expérience m'étaient nécessaires pour fixer mes idées.

» Je vous invite donc à me faire
connaître votre pensée *toute entière*.

» Le peuple français ne peut rien
ajouter aux honneurs et à la gloire dont
il m'a environné; mais le devoir le plus

sacré pour moi, comme le plus cher à
mon cœur, est d'assurer à ses enfans les
avantages qu'il a acquis par cette révolution qui lui a tant coûté, surtout par
le sacrifice de ce million de braves,
morts pour la défense de ses droits.

Je désire que nous puissions lui dire
le 14 juillet de cette année : « Il y a
quinze ans, par un mouvement spon-
tané, vous courûtes aux armes; vous
acquîtes la liberté, l'égalité et la gloire!
Aujourd'hui, ces premiers biens des
nations, assurés sans retour, sont à
l'abri de toutes les tempêtes : ils sont
conservés à vous et à vos enfans. Des
institutions commencées au sein des
orages de la guerre intérieure et exté-
rieure, développées avec constance,
viennent se terminer au bruit des atten-
tats et des complots de nos plus mortels
ennemis, par l'adoption de tout ce que

l'expérience des siècles et des peuples
a démontré propre à garantir les droits
que la nation avait jugé nécessaires à
sa dignité, à sa liberté et à son bonheur. »

Deux jours après le Sénat fit connaître *sa pensée toute entière* en ces
termes :

« Les Français ont conquis la liberté;
ils veulent *conserver* leur conquête; ils
veulent le repos après la victoire.

» Ce repos glorieux, ils le devront
au gouvernement héréditaire d'un seul,
qui, élevé au-dessus de tous, investi
d'une grande puissance, environné d'é-
clat, de gloire, de majesté, *défende la*
liberté publique, maintienne l'égalité,
et baisse ses faisceaux devant l'expres-
sion de la volonté souveraine du peuple
qui l'aura proclamé...

» Ce gouvernement héréditaire ne

peut être confié qu'à Napoléon Bonaparte et à sa famille.

» La gloire, la reconnaissance, l'a-
mour, la raison, l'intérêt de l'Etat,
tout proclame Napoléon Empereur héréditaire.

» Le Sénat pense, *citoyen premier
Consul*, qu'il est du plus grand intérêt
du peuple français de confier le gouvernement de la République à *Napoléon
Bonaparte*, Empereur héréditaire. »

En conséquence de ce vœu, si fer-
mement exprimé, Napoléon Bonaparte
se laissa imposer cette nouvelle charge.
Mais avant de monter au trône qu'il
fondait sur les débris de l'ancienne monarchie, il fit proposer à Sa Majesté
Louis XVIII de renoncer solennellement à tous ses droits, lui offrant un
traitement considérable en argent, et
une concession en Pologne ou en Italie.

Il reçut du monarque cette réponse, où brille une noble simplicité :

« Je ne confonds point M. Bonaparte avec ceux qui l'ont précédé ; j'estime sa valeur, ses talens militaires ; je lui sais gré de quelques actes d'administration ; car le bien que l'on fera à mon peuple me sera toujours cher. Mais il se trompe, s'il croit m'engager à renoncer à mes droits ; loin de là, il les établirait lui-même, s'ils pouvaient être litigieux, par la démarche qu'il fait en ce moment. J'ignore les desseins de Dieu sur moi et sur mon peuple ; mais je connais les obligations qu'il m'a imposées. Chrétien, j'en remplirai les devoirs jusqu'à mon dernier soupir ; fils de Saint-Louis, je saurai comme lui me respecter jusque dans les fers ; successeur de François Ier, je veux pouvoir toujours dire avec lui : *Tout est perdu, hors l'honneur.* »

Le 28 floréal, fut publiée la nouvelle constitution, dont le premier article était ainsi conçu :

« Le gouvernement de la *République* est confié à un *Empereur*, qui prend le titre d'Empereur des Français.

» L'article 142 portait que la proposition suivante ser it présentée à l'acceptation du peuple.

» Le peuple françm *veut* l'hérédité de la dignité impériale dans la descendance directe, naturelle, légitime et adoptive de Napoléon Bonaparte et dans la descendance directe, naturelle et légitime de Joseph Bonaparte, et de Louis Bonaparte, etc., etc. »

» Tous ceux qui le voulurent apposèrent leur signature au bas de cette formule, et l'Empire fut établi. »

Sa majesté Louis XVIII protesta en ces termes contre cette mesure attentatoire à ses droits. Sa protestation est du 6 juin 1804, et fut insérée peu de tems après dans le Moniteur.

« En prenant le titre d'Empereur, en voulant le rendre héréditaire dans sa famille, Bonaparte vient de mettre le sceau à son usurpation. Ce nouvel acte d'une résolution où tout, dès l'origine, a été nul, ne peut sans doute infirmer mes droits ; mais, comptable de ma conduite envers tous les souverains dont les droits ne sont pas moins lézés que les miens, et dont les trônes sont tous ébranlés par les principes que le sénat de Paris a osé mettre en avant ; comptable à la France, à ma famille, à mon propre honneur, je croirais trahir la cause commune, en gardant le silence dans cette occasion. Je déclare donc, après avoir, au besoin, renouvelé mes protestations contre tous les actes illé-

gaux, qui, depuis l'ouverture des États-
généraux de France, ont amené la crise
effrayante où se trouve l'Europe, je déclare, en présence de tous les souverains, que loin de reconnaître le titre
impérial que Bonaparte vient de se faire
déférer par un Corps qui n'a pas même
d'existence légitime, je proteste et contre ce titre et contre tous les actes sub-
séquens auxquels il pourrait donner
lieu. »

L'effet de cette protestation, fut une
déclaration de guerre successive de tous
les souverains qui ne se trouvaient point
sous l'influence immédiate du gouvernement français.

On se rappelle que Bonaparte, Consul,
avait inutilement proposé la paix au roi
d'Angleterre ; la force des circonstances
avait seule décidé ce prince à la con-
clure par le traité d'Amiens, dont la

rupture ne tarda pas à éclater. Devenu Empereur, Napoléon renouvela sa tentative en ces termes :

« Monsieur mon frère,

» Appelé au trône de France par la Providence et *par les suffrages du peuple et de l'armée*, mon premier sentiment est un vœu de paix. La France et l'Angleterre usent leur prospérité ; elles peuvent lutter des siècles ; mais leurs gouvernemens remplissent - ils bien le plus sacré de leurs devoirs ? et tant de sang versé inutilement et sans aucune perspective d'aucun but, ne les accuse-t-il pas dans leur propre conscience ? Je n'attache pas de déshonneur à faire le premier pas : j'ai assez, je pense, prouvé au Monde que *je ne redoute aucune chance de la guerre*, elle ne m'offre rien d'ailleurs que je doive

redouter. La paix est le vœu de mon
cœur, mais la guerre n'a jamais été
contraire à ma gloire. Je conjure votre
majesté, de ne pas se refuser au bonheur de donner elle-même la paix au
Monde : qu'elle ne laisse pas cette douce
satisfaction à ses enfants ; car enfin, il
n'y eut jamais de plus belle circonstance,
ni de moment plus favorable pour faire
taire toutes les passions et écouter uni-
quement le sentiment de l'humanité et
de la raison.

» Ce moment une fois perdu, quel
terme assigner à une guerre que tous
mes efforts n'auraient pu terminer ?

» Votre majesté a plus gagné depuis
dix ans, en territoire et en richesses,
que l'Europe n'a d'étendue : sa nation
est au plus haut point de prospérité.
Que peut-elle espérer de la guerre ?
Coaliser quelques puissances du conti-

tinent ? Le continent restera tranquille.
Une nouvelle coalition ne ferait qu'accroître la prépondérance et la grandeur
continentale de la France. Renouveler
des troubles intérieurs ? Les temps ne
sont plus les mêmes. Détruire nos finances ? Des finances fondées sur une
bonne agriculture, ne se détruisent jamais. Enlever à la France ses colonies ?
Les colonies sont pour la France un
objet secondaire, et votre majesté n'en
possède-t-elle déjà pas plus qu'elle n'en
peut garder ?

» Si votre majesté veut y songer,
elle verra que la guerre est sans but,
sans aucun résultat présumable pour
elle.

» Eh ! quelle triste perspective, de
faire battre les peuples pour qu'ils se
battent !-Le Monde est assez grand pour
que deux nations puissent y vivre, et la

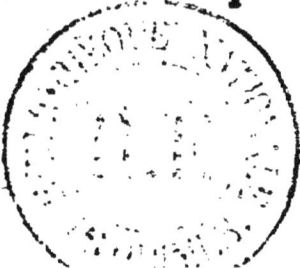

raison a assez de puissance pour qu'on trouve les moyens de tout concilier, si de part et d'autre, on en a la volonté.

» J'ai toutefois rempli un devoir saint et précieux à mon cœur. Que V. M. croie à la sincérité des sentimens que je viens de lui exprimer, et à mon désir de lui en donner des preuves.

» Sur ce,

» Monsieur mon frère,

» Je prie Dieu qu'il vous ait en sa sainte garde.

» Paris, ce 12 nivôse an 13 (2 janvier 1805.)

» *Signé*, NAPOLÉON. »

Quelque tems après, M. de Taillerand-Périgord, alors ministre des relations extérieures, reçut de lord Malgrave, la réponse que voici :

« Sa majesté a reçu la lettre qui lui a été adressée par le chef du gouvernement français, datée du deuxième jour de ce mois.

» Il n'y a aucun objet que sa majesté ait plus à cœur, que de saisir la première occasion de procurer de nouveau à ses sujets les avantages d'une paix fondée sur des bases qui ne soient pas incompatibles avec la sûreté et les intérêts essentiels de ses états.

» Sa majesté est persuadée que ce but ne peut être atteint que par des arrangemens qui puissent en même-tems pourvoir à la sûreté et la tranquillité à venir de l'Europe, et prévenir le renouvellement des dangers et des malheurs dans lesquels elle s'est trouvée enveloppée. Conformément à ce sentiment, sa majesté sent qu'il est impossible de répondre plus particulièrement à l'ouverture qui lui a été faite, jusqu'à ce qu'elle ait eu le tems de communiquer avec les puissances du continent, avec lesquelles elle se trouve engagée par des liaisons et des rapports confidentiels, et particulièrement avec l'empereur de Russie, qui a donné les preuves les plus fortes de la sagesse et de l'élévation des sentimens dont il est animé, et du vif intérêt qu'il prend à la sûreté et l'indépendance de l'Europe.

» Douwning Street, 15 janvier 1805.

» *Signé*, MALGRAVE. »

On vit ensuite le Moniteur consigner l'article ci-après dans sa feuille du 15 prairial.

« Le roi de Suède, instruit que S. M. le roi de Prusse avait envoyé l'ordre de l'Aigle-Noir à l'Empereur des français, s'est empressé de renvoyer les

marques de cet ordre que le père du
roi de Prusse lui avait accordées lorsqu'il était encore enfant, et afin de
donner une preuve d'amitié à son père.
Le roi de Suède, en renvoyant cet
ordre au roi de Prusse, lui a déclaré
qu'y ayant sur tous les points une si
grande distance de lui à Napoléon Bonaparte, il était impossible qu'ils se
trouvassent dans le même ordre. »

Les menaces de l'univers entier n'auraient pas fait renoncer Bonaparte aux
projets qu'il pouvait concevoir *pour la
gloire et la prospérité françaises*. Il y
aurait donc eu de la folie à croire que de
simples protestations l'empêcheraient de
se faire sacrer et couronner.

Sa sainteté le pape Pie VII fut appelé en France pour remplir ce grand
dessein, et le couronnement eut lieu
le 11 frimaire an 13 (2 décembre 1804.)

Cette cérémonie donna lieu aux fêtes les plus brillantes.

Le 18 mars suivant (26 ventôse an 13), les membres du gouvernement de la république italienne, lui *offrirent* la couronne d'Italie, et le lendemain il fit connaître au Sénat, et le statut constitutionnel qui le nommait roi de cette riche contrée, et son acceptation par la communication suivante:

« Sénateurs,

» Nous avons voulu dans cette circonstance nous rendre au milieu de vous, pour vous faire connaître sur un des objets les plus importans, notre pensée toute entière.

» La force et la puissance de l'Empire français sont surpassées par *la modération* qui préside à toutes nos transactions politiques.

» Nous avons conquis la Hollande,

les trois quarts de l'Allemagne, la Suisse, l'Italie toute entière ; nous avons été modéré au milieu de la plus grande prospérité. De tant de provinces, nous n'avons gardé que ce qui était nécessaire pour nous maintenir au même point de considération et de puissance où a toujours été la France.

» A peine conquise, la Hollande a été déclarée indépendante ; sa réunion *eût été le complément de notre système commercial*, puisque les plus grandes rivières de la moitié de notre territoire débouchent en Hollande. Cependant la Hollande est indépendante....

» La Suisse était occupée par nos armées ; nous l'avons défendue contre les forces combinées de l'Europe : sa réunion eût *completté notre frontière militaire*. Toutefois la Suisse se gouverne par l'acte de médiation, au gré de ses dix-neuf cantons, indépendante et libre.

» La réunion du territoire de la République italienne..... eût été *utile au développement de notre agriculture* ; cependant après la seconde conquête, nous avons à Lyon *confirmé son indépendance* ; nous faisons plus aujourd'hui. Nous proclamons le principe de la séparation des couronnes de France et d'Italie, en fixant l'époque de cette séparation à l'instant où elle devient possible et sans dangers pour nos peuples d'Italie (1).

_____

(1) Bonaparte avait dit la veille, en acceptant la couronne d'Italie : « Je la garderai cette couronne, mais seulement tout le tems que vos intérêts l'exigeront ; et je verrai avec plaisir arriver le moment où je pourrai la placer sur une plus jeune tête, qui, animée de mon esprit, continue mon ouvrage, et soit toujours

» Le génie du mal cherchera envain des prétextes pour remettre le continent en guerre ; ce qui a été réuni à notre Empire par les lois constitutionnelles de l'état, *y restera réuni.* Aucune *nouvelle* province n'y sera incorporée...

» Dans toutes les circonstances...nous montrerons *la même modération,* et nous espérons que notre peuple n'aura plus besoin de déployer ce courage et cette énergie qu'il a toujours montrés pour défendre ses légitimes droits. »

Lorsque Bonaparte se rendit à Milan pour prendre la couronne de Charlemagne, une députation de Gênes s'y présenta devant lui, et *d'après son vœu,*

---

prête à sacrifier sa personne et ses intérêts à la sûreté et au bonheur du peuple sur lequel la Providence, les constitutions du royaume et ma volonté l'auront appelé à régner.

reçut de lui la promesse de se voir réunie au grand peuple. Trois jours après, à l'ouverture du Corps-Législatif d'Italie, il consacra le principe de la conscription pour son nouveau royaume.

Cependant cet accroissement de puissance fut la cause ou le prétexte d'une rupture entre les cours de Vienne et de Paris. Une levée de 80,000 conscrits fut ordonnée pour s'opposer à l'Autriche et à la Russie qui déclaraient la guerre. Les hostilités avaient commencé de la part de la première de ces deux puissances, par l'invasion de la Bavière, le passage de l'Inn et la prise de Munich.

Bonaparte fait franchir à ses troupes les Alpes Wurtembergeoises, le Necker, le Danube et le Lech; et, prêt à livrer la bataille d'Ulm, il adresse la veille à ses soldats une proclamation dont voici quelques fragmens :

« Soldats, la journée de demain sera
cent fois plus célèbre que celle de Marengo; j'ai placé l'ennemi dans la même
position....

» Soldats, si je n'avais voulu que
vaincre l'ennemi, je n'aurais pas cru
devoir faire un appel à votre courage...
mais le vaincre ce n'est rien faire d'assez *digne* de vous et *de votre Empereur.*
Il faut que *pas un homme* de l'armée
ennemie n'échappe; que ce gouvernement qui trahit tous ses devoirs n'ap-
prenne sa catastrophe qu'à votre propre arrivée sous les murs de Vienne....

» Soldats qui avez donné aux combats
de Wertingen et de Guatzbourg, j'ai
été content de votre conduite; tous les
corps feront comme vous, et je pourrai dire à mon peuple: *Votre Empe-*
reur et votre armée ont fait leur de-
voir; faites le vôtre; et les 200,000

conscrits que j'ai appelés courront à marches forcées pour renforcer votre seconde ligne. »

En effet, vingt-quatre jours avaient suffi pour toutes les opérations ci après.

L'Empereur était parti de Paris le 2 vendémiaire an 14; arrivé à Strasbourg le 4, il avait fait passer le Rhin à ses troupes les 5, 6, 7 et 8, le 9 il était passé lui-même; l'armée avait fait du 10 au 15 des marches d'une rapidité incroyable. Le 16, les hostilités avaient commencé par l'enlèvement de douze bataillons de grenadiers ennemis avec officiers, drapeaux, canons et bagages; le 17, la ville d'Ausbourg s'était rendue à l'Empereur, qui, le 18, y fit son entrée; le même jour 17, bataille de Wertingen, où douze bataillons de grenadiers furent pris. Le 20, délivrance de Munich, et passage du pont de Lech; le 22, prise

de Memmingen et de 8000 prisonniers.
Le 23, bataille d'Elchingen, où l'armée
ennemie fut totalement mise en déroute ; le 25, les grands bagages de
l'armée autrichienne tombèrent au pouvoir des Français. C'est à la suite de
cette capture que Bonaparte prononça
la harangue ci-dessus.

Le 26, Ulm menacée de l'assaut, capitula. Le général Mack, 17 généraux
et 23,000 hommes furent faits prisonniers ; le résultat fut la délivrance totale
de la Bavière. Quarante drapeaux furent envoyés au Sénat. Le même jour
le général Werneck capitula près de
Nordlingen ; mille chevaux et une partie du parc d'artillerie furent le fruit
de cette capitulation. Le 29, l'Empereur annonça l'ouverture de la campagne contre les Russes, et décréta que
la campagne de vendémiaire compterait

à l'armée pour une année de service, et
que toutes les contributions levées en
pays ennemi lui seraient distribuées, à
titre de gratification.

Le 8 de brumaire vit recommencer
les opérations par la prise de Braunau,
où l'on trouva un arsenal bien appro-
visionné. Le 11, combat et prise de
Lambach et de Linch; le 15, combat
de Lovers, où les Bavarois battent les
Autrichiens; premier engagement de
nos troupes avec les Russes, prise de
1500 hommes. Le 16, un envoyé de
l'Empereur d'Autriche se présente. Le
17, combat de Marienzelle, 16 pièces
de canon, 4000 prisonniers Russes;
retraite de leur armée. Le 20, combat
de Durnestein, où 4000 Français font
tête à 36,000 Russes, leur prennent 10
drapeaux, 6 canons, 13,000 prisonniers, leur tuent ou blessent 4000 hom-

mes. Le 22, entrée à Vienne, où se trouve un arsenal fourni pour quatre années, une salle d'armes contenant 2,000 canons et 100,000 fusils. L'Empereur d'Autriche se refugie à Brunn, en Moravie. Le 24, l'armée pénétre en Moravie. Le 25, l'armée Russe demande une trève que l'Empereur refuse, comme n'étant point ratifiée par celui de Russie. Le 27, capitulation du fort de Kuffstein ; entrée dans Brunn ; François II se retire à Olmutz. Le 29, la cavalerie Russe est défaite sur la route de Brunn à Olmutz. Le 2 frimaire, avantage considérable remporté sur les Autrichiens, par les Bavarois. Le 4, prise de 8,000 prisonniers, 700 chevaux, canons, caissons, etc. etc. Le 7, préparatifs de Bonaparte pour une grande bataille ; retraite simulée ; entrevue de ce prince avec un aide-de-

camp d'Alexandre I.er, devant lequel
il feint une incertitude qui fait concevoir les plus hautes idées à l'Empereur
de Russie. Le 10, Napoléon annonce à
ses troupes l'approche d'une bataille :
« Soldats, leur dit-il, j'ai dirigé moi-
même vous vos bataillons ; je me tien-
drai loin du feu, si, avec votre bravoure accoutumée, vous portiez le désordre et la confusion dans les rangs
ennemis ; mais si la victoire était incer-
taine, vous verrez votre Empereur
s'exposer aux premiers coups. »

Le lendemain la fameuse bataille
d'Austerlitz eut lieu ; la victoire y fut
tellement décisive que l'Empereur d'Autriche vint solliciter un armistice pour
les Russes ; quoique l'Empereur de
Russie fût cerné de toutes parts, avec
les débris de son armée, Bonaparte ac-
corda l'armistice, à condition que les

Russes retourneraient chez eux, sur le champ, par étapes. Les combats furent suspendus et les armées s'éloignèrent de part et d'autre de cinq lieues.

Ainsi finit la *campagne de soixante-dix jours*, l'une des plus glorieuses pour l'armée française. Au bout de vingt-quatre jours la paix fut signée à Presbourg, entre la France et l'Autriche, qui reconnut les royaumes de Bavière et de Wurtemberg. En mémoire de cet événement, Napoléon promit à ses troupes de les réunir à Paris pour des fêtes qu'il devait leur donner au premier mai.

Des avantages considérables remportés en Italie, avaient bravement secondé les triomphes de la grande armée, pendant tout le cours de cette campagne mémorable.

De Vienne, Bonaparte avait annoncé

à son armée d'Italie la prochain invasion du royaume de Naples, il chargea son frère Joseph de l'exécution de ses plans, les succès de cette expédition mirent la couronne de Naples sur la tête de Joseph, et dans le mois de juin 1806, Louis, autre frère de l'Empereur, fut placé sur le trône de Hollande.

Quatre princes français ou alliés de la France, établis sur des trônes, la plupart fondés par lui, ne suffirent pas à Bonaparte; le roi de Prusse demanda que nos troupes se retirassent de l'Allemagne; Napoléon vit une déclaration de guerre dans cette démarche; il laissa les négociateurs à Paris, et le 4 octobre 1806, il était déjà à Wurtzbourg. Deux jours après il adressait cette proclamation à la grande armée :

Soldats!

» L'ordre pour votre rentrée en

France était parti ; vous vous en étiez déjà rapprochés par plusieurs marches. Des fêtes triomphales vous attendaient, et les préparatifs pour vous recevoir étaient commencés dans la capitale.

» Mais lorsque nous nous abandonnions à cette confiante sécurité, de nouvelles trames s'ourdissaient sous le masque de l'amitié et de l'alliance. Des cris de guerre se sont fait entendre à Berlin : depuis deux mois nous sommes provoqués tous les jours davantage....

» Soldats, il n'est aucun de vous qui veuille retourner en France par un autre chemin que celui de l'honneur. Nous ne devons y rentrer que sous des arcs de triomphes.....

» Marchons donc, puisque la modération n'a pu les faire sortir de cette étonnante ivresse. Que l'armée prussienne éprouve le même sort qu'elle éprouva il y a quatorze ans (1), qu'ils apprennent que s'il est facile d'acquérir un accroissement de domaines et de puissance avec l'amitié du grand peuple, son inimitié (qu'on ne peut provoquer que par l'abandon de tout esprit de sagesse et de raison) est plus terrible que les tempêtes de l'Océan. »

Sa première victoire fut celle d'Iéna, le 14 octobre 1806; elle fut aussi éclatante que celle d'Austerlitz, et coûta des pertes considérables aux Prussiens; car les Russes n'étaient point encore arrivés au secours de leurs alliés.

Le 26, maître de Postdam, il annonça à ses troupes l'approche des Russes; les combats et les victoires se multiplièrent jusqu'à la fin de cette même année; aussi de nouvelles levées

_____

(1) Dans les plaines de Champagne.

furent-elles ordonnées, pour, comme le
disait l'Empereur, *garder nos conquêtes
et prendre la place des vainqueurs.*

Le 29 février 1807, il remporta la
fameuse bataille d'Eylau ; le 1er. mars
celle d'Elbing ; et dans le mois de juin
celles non moins célèbres de Friedland
et de Tilsitt. Cette dernière termina la
campagne ; les deux Empereurs eurent
sur le milieu du Niémen une entrevue,
dans laquelle *ils s'embrassèrent ;* et les 7
et 9 juillet une nouvelle paix fut con-
clue avec la Prusse et la Russie. Mais
un article de ce traité en rendit l'obser-
vation onéreuse, surtout à la Prusse,
qu'il obligeait de fermer ses ports à la
navigation et au commence anglais.

L'année 1808 fut signalée par différens actes qui suscitèrent à Bonaparte
une foule d'ennemis. Au commencement
de cette année il obtint du chef de l'é-

glise la permission de faire traverser
ses Etats par deux corps d'environ six
mille hommes; mais au lieu de les *traverser*, elles y séjournèrent, et notamment dans Rome. C'était pour contraindre Sa Sainteté à former avec les autres
Etats d'Italie une ligue offensive et de-
fensive contre leurs ennemis communs;
le Saint-Père résista avec une extrème
vigueur. Alors Bonaparte réunit les
provinces d'Urbin, Ancône, Macérata
et Camérino à son royaume d'Italie, et
chargea le vice-roi de l'exécution. Le
Pape fut comme prisonnier dans son
appartement pontifical; et par un décret
du 17 mai 1809 (1), Rome fut réunie à

_____

(1) Nous rompons pour cette malheureuse
affaire l'ordre chronologique assez générale-
ment observé jusqu'ici. Quand les faits se multiplient comme dans cette occasion, il est dif-

l'Empire français sous le titre de ville impériale et libre.

Sa Sainteté vengea l'honneur du Saint-Siége *en fulminant une excommunication* contre l'usurpateur de ses Etats. Alors Pie VII fut enlevé dans la nuit du 5 au 6 juillet, et transféré à Savone, et de-là dans Fontainebleau et dans d'autres villes de l'intérieur, jusqu'à ce que l'occupation de la France par les armées alliées fut l'occasion de sa délivrance et de sa rentrée dans Rome.

Ce n'est malheureusement pas le seul abus d'autorité que l'on puisse reprocher à Bonaparte. Un prince à qui tout résiste peut en commettre quelquefois ; à plus forte raison s'en rendra coupable celui

---

ficile de quitter un sujet intéressant qu'il faudrait reprendre presque à chaque page.

que des flatteurs poussent chaque jour dans l'abîme par leurs adulations et leur lâche complaisance.

Le roi d'Espagne était l'allié de la France. En vertu d'un traité secret, relatif aux affaires de Portugal, 30,000 hommes de troupes françaises entrèrent sur les terres d'Espagne, et attendirent l'ordre de marcher pour l'intérêt des deux puissances.

Le vieux roi avait pour favori don Manuel Godoï, prince de la Paix, contre lequel avait éclaté une sorte de conspiration, à la fin de 1807. Don Manuel n'était pas aimé des infants, et notamment de S. M. Ferdinand, alors prince des Asturies. On saisit comme suspect, dans les papiers de ce dernier, un mémoire contre le prince de la Paix. Le 29 octobre 1807, furent convoqués, à minuit, dans l'appartement du Roi, les

secrétaires généraux de dépêches et le
président, par *interim*, du conseil, qui
décidèrent que le prince serait interrogé
sur le contenu de ses papiers.

Le 30, ordre du Roi et envoi d'icelui
au marquis de Caballero, pour désigner
comme traître le prince Ferdinand et
ses serviteurs. Mais ce prince ayant
signé le même jour une lettre *que
lui présenta le prince de la Paix*, et
par laquelle il s'accusait *d'avoir manqué
à son père, parce qu'il ne devait rien
faire sans le consentement de Sa Majesté*, les commissaires du nouveau
conseil déclarèrent à l'unanimité qu'ils
absolvaient les prévenus de toute accusation, etc.

Le 3 janvier 1808, Sa Majesté Catholique adhéra au systême continental, et
ferma ses ports à l'Angleterre.

Le 19 mars, elle abdiqua en faveur

du prince des Asturies, pour cause de
ses infirmités habituelles; cette abdication fut consignée dans le Moniteur
français, le 29.

Ce ne fut que le 3 mai suivant que
la même feuille publia une lettre du
vieux Roi, *datée du 21 mars*, par laquelle il se plaignait à Monsieur son
frère Napoléon des événemens d'Aran-
juez (les troubles suscités en 1807
contre le prince de la Paix), et de son
abdication forcée, dont il envoyait au
même sa protestation conçue en ces
termes :

« Je proteste et déclare que mon
décret du 19 mars, par lequel j'abdique
la couronne en faveur de mon fils, est
un acte auquel j'ai été forcé, pour prévenir de plus grands malheurs et l'effu-
sion du sang de mes sujets bien-aimés.
Il doit, en conséquence, être regardé

comme de nulle valeur. 21 mars 1806.»

Les avis sont partagés sur ces pièces ; les uns les regardent comme *fabriquées par Bonaparte lui-même*, et se fondent pour cela sur le tems qu'elles sont restées inconnues ; les autres attribuent leur non publicité à la seule politique de la cour de France.

Quoi qu'il en soit, dès février 1808, l'Empereur des Français demanda et obtint l'avance de la conscription de 1808, pour appuyer *ses prétentions sur le Portugal* ; il annonça ensuite qu'il allait visiter le Midi, et se rendit à Bayonne.

De-là, il fit annoncer au nouveau roi sa prochaine arrivée à Madrid. Sa Majesté fut sollicitée d'aller au devant de l'Empereur. Elle établit une Junte suprême de gouvernement, sous la présidence de son oncle, l'Infant dom Autonio, et vint jusqu'à Burgos, où une lettre de Bonaparte qui laissait entrevoir des doutes sur la liberté de l'abdication de son père, détermina le Roi Ferdinand à passer en France. Il arriva le 20 avril à Bayonne. Le 30, le vieux Roi et son épouse se rendirent dans la même ville.

Le 2 mai, ce Prince, par une lettre, déclara à son fils que l'Espagne se trouvait dans une situation telle qu'elle ne pouvait *être sauvée* que par l'Empereur, et lui demanda la restitution de sa couronne. Le nouveau Roi y répondit par des observations tendantes à prouver que l'abdication avait été libre ; il ajouta qu'il était prêt à obéir, pourvu que le Roi père se laissât amener par lui dans la capitale, pour reprendre tous ses droits en présence des grands corps de l'état.

Cet arrangement ne fut pas adopté, et les deux pièces suivantes, figurèrent dans le Moniteur du 11 mai.

« Lettre du Prince des Asturies à l'Infant Dom Antonio, à Madrid.

» Aujourd'hui j'ai adressé à mon bien-aimé père une lettre conçue en ces termes :

» Mon vénérable père et seigneur,

» Pour donner à Votre Majesté une preuve de mon amour, de mon obéissance et de ma soumission, et pour céder au désir qu'elle ma fait connaître plusieurs fois, je renonce à ma couronne, en faveur de Votre Majesté, désirant qu'elle en jouisse pendant de longues années.

» Je recommande à Votre Majesté les personnes qui m'ont servi depuis le 19 mars. Je me confie dans les assurances qu'elle m'a données à cet égard.

Je demande à Dieu de conserver à Votre Majesté des jours longs et heureux.

» Fait à Bayonne, le 6 mai 1808.

» Je me mets aux pieds de Votre Majesté ; le plus humble des fils,
Signé, FERDINAND.

» En vertu de la renonciation que je fais à mon père bien-aimé, je retire les pouvoirs que j'avais accordés, avant mon départ de Madrid, à la Junte, pour l'expédition des affaires importantes et urgentes qui pourraient se présenter en mon absence. La Junte suivra les ordres et commandemens de mon bien-aimé père et souverain, et les fera exécuter dans les royaumes.

» Je dois, en finissant, témoigner aux membres de la Junte, aux autorités et à toute la nation, ma reconnaissance de l'assistance qu'ils m'ont donnée. Je leur recommande de se réunir d'efforts et de cœur au Roi Charles *et à l'Empereur Napoléon*, dont la puissance et l'amitié peuvent *plus que toute autre chose*, garantir les premiers biens des Espagnes, *leur indépendance* et l'intégrité du territoire. Je vous recommande de ne pas donner dans les piéges *de nos éternels ennemis*, de vivre unis entre vous et avec nos alliés, d'épargner le sang, et d'éviter les malheurs qui seraient le résultat des circonstances, si on se laissait aller à l'esprit de vertige et de désunion. »

Le 16 mai suivant, le Moniteur annonça que tous les différens *étaient applanis* par un traité conclu entre l'Empereur et le Roi Charles, auxquels avaient adhéré le Prince des Asturies, et les Infants Dom Antonio, Dom Carlos et Dom Francisque, et que les Rois Charles et Ferdinand *se retireraient* en

France, l'un à Fontainebleau avec les
Reines Louise-Marie et Marie-Louise
et l'Infant Dom Francisque ; et de-là à
Compiègne ; l'autre à Valançay, avec
les Infants Dom Carlos et Dom Antonio,
d'où il était *probable* qu'ils iraient ha-
biter Navarre.

En vertu de ces arrangemens, le Roi
de Naples, Joseph, fut, le 6 juin suivant, proclamé par son frère, Roi
d'Espagne et des Indes. Il arriva le 8
à Bayonne, et le 20 la Junte s'occupait
d'un projet de charte constitutionnelle,
rédigé et présenté par l'Empereur.

Le nouveau Roi entra en Espagne ;
Burgos, Vittoria, Madrid même le re-
connurent, mais bientôt il fut obligé
de quitter sa capitale en toute hâte. Le
25 octobre suivant, Bonaparte annonça
au Corps-Législatif, qu'il partait sous
peu de jours pour couronner dans Ma-

drid le Roi d'Espagne, et planter les aigles sur les tours de Lisbonne.

Les commencemens de cette expédition furent marqués par des succès et des revers. Napoléon entra dans Madrid; il n'y resta que jusqu'au 22 décembre, époque où il créa le Roi Joseph *son lieutenant-général.*

Dès-lors les insurrections se multiplièrent de toutes parts; ceux de nos soldats qui se séparaient momentanément de leur corps, étaient égorgés; des compagnies entières surprises par les insurgens étaient massacrées. Toutes ces pertes isolées et en masse nécessitèrent des levées continuelles qui allaient successivement s'engloutir dans le gouffre où leurs devanciers avaient trouvé la mort.

Bonaparte revint à Paris, et y fit son entrée le même jour que son frère faisait la sienne à Madrid. Il récompensa les services que le Grand-Duc de Berg lui avait rendus, par la couronne de Naples, conféra le Grand-Duché de Berg au jeune Prince de Hollande, sous sa propre autorité, et nomma sa sœur Eliza Grande Duchesse de Toscane.

Toutes ces décisions portèrent ombrage à l'Autriche ; elle déclara encore une fois la guerre à Napoléon, au commencement d'avril 1809. Mais que pouvait cette puissance contre la valeur française ? en moins d'un mois l'Autriche avait supporté les plus terribles échecs. L'Empereur qui était encore à Paris le 13 mai, livra le 19 une première bataille aux Autrichiens sur les bords de l'Inn, et le 12 juin, après une série non interrompue de victoires signalées, nos troupes étaient maîtresses de Vienne. Le 23 , poursuivant ses

triomphes, l'armée Française battit l'ennemi à Esling, où la victoire lui fut
disputée avec un cruel acharnement.
Une diversion inquiétante vint au mois
de juillet suspendre cette glorieuse
campagne ; les Anglais profitant de l'occupation que la guerre donnait à nos
armées en Espagne et contre l'Autriche, opérèrent leur débarquement sur
plusieurs points de nos côtes. Le fort
de Batz, l'isle de Walcheren et Fles-
singue tombèrent en leur pouvoir ;
mais un appel aux gardes nationales,
et quelques corps tirés précipitamment
des garnisons, suffirent pour arrêter les
progrès de l'ennemi. La victoire que les
Français remportèrent sur l'Autriche à
Wagram termina cette campagne à jamais célèbre, et contribua sans doute
efficacement à faire renoncer les Anglais
à leur conquête. En effet, un armistice

avait été conclu avec l'Empereur d'Allemagne, à la suite de cette bataille;
cependant la paix ne fut signée que trois
mois après à Vienne, sous la date du
14 octobre.

On ne connut d'abord que certains
articles du traité, dont les principaux
obligeaient l'Autriche a renoncer à
toute relation politique ou commerciale
avec l'Angleterre, et à reconnaitre tous
les changemens *qui avaient eu*, ou
pourraient avoir lieu en Espagne, en
Portugal et en Italie.

Mais le point le plus important de cette
négociation, celui qui sans doute en
avait éloigné la signature définitive,
c'est que Bonaparte avait mis, pour
clause principale, son mariage avec
l'archiduchesse Marie-Louise, fille de
S. M. François II. Il devait en coûter
beaucoup à ce monarque de donner la

main de sa fille à celui contre lequel il s'était déclaré quatre fois, et qui chaque fois avait conquis ses états.

Napoléon, d'ailleurs était depuis 15 ans l'époux d'une femme du plus heureux caractère, qui, vingt fois avait tempéré l'ardeur de celui de son époux, à laquelle enfin l'on ne pouvait reprocher que son âge incompatible avec le besoin qu'il avait d'un héritier. Cependant c'est au nom de cette femme, de celle que Napoléon a fait sacrer Impératrice avec lui, qu'est demandée au Sénat la dissolution de leur mariage. Elle-même donne la seule raison que l'on puisse alléguer contre elle, et le Sénat prononce la dissolution par un sénatus-consulte du 16 décembre 1809.

Dès le mois suivant, la demande de l'archiduchesse Marie-Louise, pour l'Empereur des français, fut faite par le

prince Berthier, à Vienne ; et les 1 et 2
avril 1810, la célébration civile et re-
ligieuse eut lieu à Paris, avec toute la
pompe convenable.

La tendresse conjugale ne fit point
oublier à l'Empereur le système qu'il
avait conçu, et que depuis quelques
années il suivait avec tant d'acharnement. Son frère Louis, convaincu que
la prohibition de l'entrée des denrées
coloniales était la ruine de son peuple,
trouva trop pesant le fardeau de sa couronne, et abdiqua le 3 juillet, en faveur de son fils, qu'il laissa sous la régence de la reine Hortense, son épouse.

Six jours après, le ministre des relations extérieures de l'Empire, déclara
dans son rapport, que l'abdication pour
être valable, aurait dû avoir la sanction
de Napoléon ; que d'ailleurs la Hollande
n'était qu'une émanation, *un complé-*

ment *nécessaire* de l'Empire; qu'en conséquence il convenait d'y réunir son territoire. Et le territoire de la Hollande
fut réuni à l'Empire.

L'année 1811 ne se signala que par
la naissance de l'héritier si désiré de
l'Empereur. Le Roi de Rome, c'est le
titre qu'on lui conféra dès son entrée
dans le monde, naquit le 20 mars. Un
autre événement aussi remarquable, fut
le rejet d'un bref du Pape, que l'Empereur annulla, comme attentatoire aux
lois de l'Empire et à la *discipline ecclé-*
siastique, et par la convocation des
évêques de France et d'Italie en un
Concile National, sous prétexte qu'*une*
des parties contractantes du concordat
l'avait méconnu.

Au mois de mai 1812, l'Empereur
quitta Paris avec son épouse; selon le
Moniteur du 10 (lendemain de leur dé-

part), ils allaient, l'un faire l'inspection de la grande armée sur la Vistule, l'autre à Dresde, à l'effet de voir son auguste père.

Bonaparte, lui-même, passa quinze jours dans cette ville, avec son beau-père, le roi de Prusse, et d'autres princes allemands; il conclut avec les deux grandes puissances des traités d'alliance ; et cinq jours après leur insertion au Moniteur, on trouva dans le même journal des notes qui annonçaient clairement une rupture entre la France et la Russie.

En effet, nos troupes passent le Niémen le 23 juin; Bonaparte s'empare de Wilna, et successivement de toutes les places qui se trouvent sur son passage. L'ennemi fuit devant lui, mais c'est après avoir épuisé, brûlé ou détruit toutes les ressources que présentait le

pays. Le 10 septembre, il livre aux
Russes, sur les bords de la Moskowa,
une bataille des plus sanglantes, dans laquelle ses troupes remportent encore
une fois la victoire. Le 14, il entre dans
Moscou, qu'il trouve livrée aux flammes par les fuyards. Il y reste impru-
demment jusqu'au commencement d'o-
tobre, trompé sans doute par le beau
tems qui ne cesse que le 7. Mais, dès-
lors, que de maux fondent sur notre
malheureuse armée ! Nous rendrions
mal ce funeste sujet ; il est plus simple
de prendre les principaux détails dans
le 29e Bulletin, dont la publication fit
une sensation si douloureuse sur tous
les cœurs français.

« Du 14 au 15 et au 16, le thermo-
mètre marqua 16 et 18 degrés au-des-
sous de glace. Les chemins furent cou-
verts de verglas, les chevaux de cava-

lerie, d'artillerie, de train périssaient
toutes les nuits, non par centaines,
mais par milliers ;....plus de 30,000 périrent en peu de jours.... Il fallut abandonner et détruire une bonne partie de
nos pièces et nos munitions de guerre
et de bouche.

»Cette armée, si belle le 6, était bien
différente le 14. Presque sans cavalerie,
sans artillerie, sans transports : sans cavalerie, nous ne pouvions pas nous
éclairer à un quart de lieue ; cependant,
sans artillerie, nous ne pouvions pas
risquer une bataille et attendre de pied
ferme ; il fallait marcher pour ne pas
être contraints à une bataille, que le
défaut de munitions nous empêchait de
désirer....

» La division Partonaux partit à la
nuit de Borisow. Une brigade de cette
division qui formait l'arrière-garde et

qui était chargée de brûler les ponts,
partit à sept heures du soir : elle
arriva entre dix et onze heures ; elle
chercha sa première brigade et son général de division qui étaient partis deux
heures avant et qu'elle n'avait pas ren-
contrés en route.... Tout ce qu'on a pu
connaître depuis, c'est que cette première brigade, partie à cinq heures,
s'est égarée à six, a pris à droite, au
lieu de prendre à gauche, et a fait deux
ou trois lieues dans cette direction ; que
dans la nuit, et transie de froid, elle
s'est ralliée aux feux de l'ennemi qu'elle
a pris pour ceux de l'armée française....

» L'armée sans cavalerie, faible en
munitions, horriblement fatiguée de
cinquante jours de marche, traînant à
sa suite, ses malades et ses blessés....
avait besoin d'arriver à ses magasins.

Le 30, le quartier-général fut à Pluh-
nitz.

» Dire que l'armée a besoin de réta-
tablir sa discipline, de se refaire, de re-
monter sa cavalerie, son artillerie et
son matériel, c'est le résultat de l'exposé qui vient d'être fait. Le repos est
son premier besoin.....

» Notre cavalerie était tellement dé-
montée, que l'on a pu réunir les officiers
auxquels il restait un cheval, pour en
former quatre compagnies de cent cinquante hommes chacune. Les généraux
y faisaient les fonctions de capitaines,
et les colonels, celles de sous-officiers.
Cet escadron sacré, commandé par le
général Grouchy, et sous les ordres du
roi de Naples, ne perdait pas de vue
l'Empereur dans tous ses mouvemens. »

La suite des événemens ne fut pas
plus favorable aux débris de cette belle

armée ; harcelée tout le long de sa route
jusqu'à Wilna, elle fit encore des pertes
énormes qui ne furent pas annoncées officiellement, et ce ne fut qu'à force de
déguisemens que Bonaparte lui-même
échappa aux partis qui le cherchaient
mort ou vif.

A son retour à Paris, il fut *compli-*
menté par le premier Corps de l'Etat,
qui l'excita ainsi à venger la perte de
ses braves ; et sur sa demande, mit à sa
disposition, par un sénatus-consulte,
d'abord trois cent cinquante mille hommes le 10 janvier 1813, puis le 3 avril
suivant, cent quatre-vingt mille hommes,
ce qui formait, avec les restes de la
grande armée, avec les troupes que four-
nissaient alors la Confédération du
Rhin et l'Autriche, encore fidèles à son
alliance, une masse de force suffisante,
en effet, pour réparer nos revers.

Quant à la Prusse, elle s'était déclarée contre nous; elle avait dû chercher, dit son manifeste du 16 mars, « dans l'amour et le courage de ses peuples, et dans l'intérêt d'une grande puissance qui compâtissait à sa situation, les moyens d'en sortir, et de rendre à sa monarchie l'indépendance. »

Les hostilités étaient commencées lorsque Bonaparte partit pour Mayence, le 15 avril; mais ses troupes, malgré des prodiges de valeur, ne purent, cette fois, faire des progrès aussi rapides que de coutume. La Russie avait fait des armemens extraordinaires; la Prusse avait organisé des levées en masse; chaque position était défendue pied-à-pied, prise et reprise tour-à-tour par les deux partis. Les seules victoires signalées que remporta l'Empereur, furent celles de Lutzen et de Bautzen, qui furent suivies d'un armistice, conclu le 4 juin, dont le terme était fixé au 20 juillet, sauf la dénonciation qui devait en être faite de part ou d'autre, six jours avant la reprise des hostilités.

Cet armistice avait pour but la pacification de l'Europe; mais Bonaparte habitué à faire la loi dans ses traités, ne voulut point la recevoir; il regarda comme déshonorantes les conditions qu'on lui imposait, et le 12 août 1813, l'Autriche, de médiatrice qu'elle était, devint ennemie; elle réunit ses armées à celles des deux autres puissances. Cette défection fut comme le signal de celle de tous les autres alliés de l'Empereur. Le Mecklembourg, la Suède, la Bavière, suivent cet exemple. Les levées se multiplient en France pour regarnir les rangs qu'ils abandonnent, et cependant on y reste jusqu'au 30 octobre, sans nou-

velle positive des armées ; tout-à-coup
paraissent des bulletins sous la date des
4, 15, 16 et 24 octobre ; on y lit avec
effroi les détails les plus désespérans , à
la suite de quelques avantages.

Le dernier s'exprimait ainsi :

« La bataille de Wachau avait déconcerté tous les projets de l'ennemi ; mais
il avait encore des ressources.

A 5 heures du soir (le 18) l'Empereur
fit avancer ses réserves d'artillerie , et
reploya tout le feu de l'ennemi , qui s'éloigna à une lieue du champ de bataille.

» Pendant ce tems, l'armée de Silésie
attaqua le faubourg de Halle.... Ses attaques échouèrent toutes.... Elle essaya....
de passer la Partha.... Trois fois elle parvint à se placer sur la rive gauche ; et trois
fois le prince de la Moskowa la chassa et
la culbuta à la bayonnette.

» A trois heures après midi, la victoire était pour nous, de ce côté......

comme du côté où était l'Empereur.....
Mais, en ce moment, l'armée Saxonne,
infanterie, cavalerie, artillerie et la cavalerie Wurtembergoise, *passèrent tout
entières à l'ennemi.....* Cette trahison,
non-seulement mit du vide dans nos
rangs, mais livra à l'ennemi *le débouché
important*, confié à l'armée Saxonne,
qui poussa l'infamie au point de *tourner
sur-le-champ ses* 40 *pièces de canon*
contre la division Durotte. Un moment
de désordre s'en suivit ; l'ennemi passa
la Partha....., il ne se trouvait plus qu'à
une demi-lieue de Leipsick.

» L'Empereur envoya sa garde à che
val.... avec 20 pièces d'artillerie... Il se
porta lui-même... au village de Reid-
nitz... Le village fut repris et l'ennemi
poussé fort loin.

» Le champ de bataille resta tout entier en notre pouvoir....

» A six heures du soir, l'Empereur ordonna les dispositions pour la journée du lendemain. Mais à sept heures, les généraux Sorbier et Dulauloy... vinrent... lui rendre compte des consommations de la journée. On avait tiré 93,000 coups de canon ; ils dirent... qu'il ne restait pas plus de 16,000 coups..., que cela suffirait à peine pour entretenir le feu pendant deux heures.... et qu'on ne pourrait se rapprovisionner qu'à Mag- debourg ou Erfurt. L'Empereur se décida pour Erfurt... *Il* donna... des ordres pour que les bagages, les parcs, l'artillerie., passassent les défilés de Lindenau..., et il vint dans Leipsick, à l'hôtel de Prusse.., à neuf heures du soir.

« .... Ce mouvement n'était pas sans difficulté ; de Leipsick à Lindenau, il y a un défilé de deux lieues de traversée par cinq ou six ponts. On proposa de mettre

6,000 hommes et 60 pièces... dans Leipsick..., d'occuper cette ville comme tête
de défilé, *et d'incendier ses vastes faubourgs....*

» Quelque odieuse que fut la trahison de l'armée Saxonne..., l'Empereur
aima mieux se résoudre à perdre quelques centaines de voitures, que d'adopter ce parti barbare.

» A la pointe du jour, tous les parcs,
les bagages...; l'artillerie, la cavalerie,
la garde, et les deux tiers de l'armée
avaient passé le défilé....

» Cependant, l'ennemi ne tarda pas
à apprendre que la plus grande partie de
l'armée avait évacué Leipsick, et qu'il
n'y restait qu'une forte arrière-garde. Il
attaqua vivement le duc de Tarente et
le prince Poniatowski; il fut plusieurs
fois repoussé; et tout en défendant les
faubourgs, notre arrière-garde opéra sa

retraite. Mais les Saxons restés dans la ville *tirèrent sur nos troupes*, de dessus les remparts : ce qui obligea d'accélérer la retraite, et mit un peu de désordre.

» L'Empereur avait ordonné au génie de pratiquer des fougasses sous le grand pont...., entre Leipsick et Lindenau, afin de le faire sauter au dernier moment. Le général Dulauloy avait chargé le colonel Montfort de cette opération. Ce colonel, au lieu de rester sur les lieux...., ordonne à un caporal et à quatre sapeurs de faire sauter le pont, aussitôt que l'ennemi se présenterait. Le caporal...., entendant les premiers coups... tirés sur les remparts...., mit le feu aux fougasses et fit sauter le pont. Une partie de l'armée était encore de l'autre côté.

» La tête de cette partie de l'armée, qui arrivait au pont, le voyant sauter, crut qu'il était au pouvoir de l'ennemi ; ces malheureux se débandèrent et cherchèrent à se sauver. Le duc de Tarente passa la rivière à la nage : le comte Lauriston.... se noya ; le prince Poniatowski, monté sur un cheval fougueux, s'élança dans l'eau et n'a plus reparu......

» On se figurera facilement la profonde douleur de l'Empereur, qui voit s'évanouir les résultats de tant de fatigues et de travaux.....

» L'ennemi qui avait été consterné des batailles du 16 et du 18, a repris, par le désastre du 19, du courage et l'ascendant de la victoire. L'armée française..... a perdu son attitude victorieuse. »

Après ces cruels revers, les restes de l'armée rentrèrent en France, et Napoléon revint à Paris. Il y fut reçu, *comme à l'ordinaire*, au milieu des acclamations, et des éloges du Sénat qui

le félicitait d'avoir *triomphé* de la trahison des hommes et de la fatalité des
événemens. Il reçut de la part des ennemis des nouvelles propositions de
paix ; mais soit qu'il se méfiât de leur
sincérité, soit opiniâtreté de sa part,
il ne consentit point aux énormes sacrifices qui auraient pu sauver l'Empire
de sa ruine, et s'en tint à cette déclaration si positive : que quand il ne lui reste-
rait que le plus misérable village de la
France, il s'ensevelirait sous ses ruines,
plutôt que de consentir à céder rien de
ses droits. Cela n'empêcha pas l'occupation de Genève par le général Bubna,
et celle de toutes les frontières du Nord
par le corps du général Bulow.

Alors, il jugea qu'il était tems d'aller
se remettre à la tête de ses troupes ;
mais avant il prit des mesures qu'il crût
nécessaires pour assurer la régence à

l'Impératrice Marie-Louise, son épouse:
la garde nationale de Paris avait été organisée à-peu-près sur le même pied où
nous la voyons aujourd'hui ; il avait
nommé lieutenant - général, son frère
Joseph. Pour s'assurer encore mieux
les hommes qui la composaient, il con-
voqua, au château des Tuileries, l'état-
major de la garde nationale, qu'il ha-
rangua avec beaucoup de véhémence.
Il tenait par la main son épouse et son
fils ; les sentimens qu'il exprima étaient
nobles et élevés, et ses accens semblaient
partir de l'ame. L'auditoire en fut ému,
au point qu'un grand nombre des assis-
tans versa des larmes. Eh bien ! cette
scène si touchante, n'était, si l'on en
croit un de nos plus fameux pamphlé-
taires, qu'une scène de comédie, dont
le monarque aurait la veille fait la répé-
tition dans son cabinet, en présence et

sous la direction de T...., l'un de nos meilleurs tragiques.

Il quitta la capitale le 26 janvier 1814. Mais déjà à cette époque, l'ennemi s'avançait rapidement et sur divers points dans l'intérieur de la France. L'Empereur se transporta par-tout où sa présence fut nécessaire ; il semblait se multiplier, et l'on remarqua toujours, soit que ses bulletins fussent mensongers (*), soit qu'effectivement son arrivée donnât plus d'énergie aux soldats, que presque partout où il paya de sa personne, l'ennemi fut battu ; (Tels furent les combats de Montmirail, de Craonne, etc. tandis que son absence semblait être le signal de la défaite du corps d'armée qu'il ve-

_____

(1) Les mots *menteur comme un bulletin* étaient déjà depuis long-tems passés en proverbe.

naît de quitter. Il est très-certain que
s'il n'exagerait pas nos succès, le Moniteur du moins, atténuait les forces des
armées alliées, puisqu'il nous représen-
tait comme un corps coupé et peu
considérable la portion qui s'avançait
sur Paris. La veille même du siége, ce
journal annonçait avec emphase une victoire remportée à cinquante lieues de
la capitale. Le départ de l'Impératrice,
annoncé par la proclamation du Roi
Joseph, refroidit un peu l'ardeur des
Parisiens ; mais cette même proclamation engageait à tenir seulement trois
jours contre *quelques milliers de partisans ;* au bout de trois jours, l'Empereur devait dissiper ces vils aventu-
riers et délivrer sa bonne ville ; ajoutez
à cela que très-peu de personnes savaient
qu'au lieu de venir nous piller, les armées
alliées nous ramenaient des princes dont

les malheurs doublaient encore les droits.
Il ne faut donc pas s'étonner si l'on courut se défendre avec ce courage qui dis-
tingue si éminemment la Nation Française ; on entendait de tous côtés des
hommes robustes demander des armes ,
des munitions ; et comme les armes et
les munitions manquaient (*), se dépiter
de ne pouvoir seconder les braves qui se
sacrifiaient au dehors pour la défense de
nos foyers.

Enfin le nombre l'emporta sur la valeur ; le duc de Raguse , chargé de la
défense de la ville , s'entendit avec les

---

(1) On assure qu'à la butte Chaumont les
tambours étaient employés à ramasser sur les
revers de la montagne des cailloux que les canoniers mettaient dans leurs pièces au lieu des
boulets et biscayens qu'on ne leur avait pas
fournis en quantité suffisante.

Magistrats pour demander une capitulation honorable ; elle fut accordée. La
nuit se passa en réjouissances du côté
des alliés, en incertitudes de celui des
Parisiens qui ignoraient le sort qui leur
était réservé. Mais qu'ils en furent agréa-
blement dédommagés par les nouvelles
qui se répandirent le lendemain, dès la
pointe du jour. La ville devait être respectée, et des bruits sourds annonçaient déjà tous les heureux événemens
qui depuis se sont succédés avec tant
de promptitude.

Quatre jours après la réduction de
Paris, L'Empereur apprit à Fontainebleau, où il se trouvait encore à la tête
de sa garde, et d'une armée assez considérable, la résolution du Sénat qui
prononçait contre lui la déchéance ; il
publia l'ordre du jour ci-après :

Fontainebleau, le 4 avril 1814.

« L'Empereur remercie l'armée pour l'attachement qu'elle lui témoigne, et principalement parce qu'elle reconnaît que la France est *en lui*, et non pas dans le peuple de la capitale. Le soldat suit la fortune ou l'infortune de son général, son honneur et sa religion. Le duc de Raguse n'a pas inspiré ces sentimens à ses compagnons d'armes : il est passé aux alliés. L'Empereur ne peut approuver la condition sous laquelle il a fait cette démarche ; il ne peut accepter la vie, ni la liberté de la merci d'un sujet.

» Le Sénat s'est permis de disposer du gouvernement français ; il a oublié qu'il doit à l'Empereur le pouvoir dont il abuse maintenant ; que c'est lui qui a sauvé une partie de ses membres de l'orage de la révolution ; tiré de l'obs-

curité et protégé l'autre contre la haine
de la nation. Le Sénat se fonde sur les
articles de la constitution pour la ren-
verser ; il ne rougit pas de faire des reproches à l'Empereur, sans remarquer
que, comme le premier Corps de l'Etat,
il a pris part à tous les événemens.

» Il est allé si loin qu'il a osé accuser
l'Empereur d'avoir changé des actes
dans la publication. Le monde entier
sait qu'il n'avait pas besoin de tels arti-
fices : un signe était un ordre pour le
Sénat, qui toujours faisait plus qu'on ne
désirait de lui.

» L'Empereur a toujours été accessible
aux sages remontrances de ses ministres,
et il attendait d'eux, dans cette circonstance, la justification la plus indé-
finie des mesures qu'il avait prises.

» Si l'enthousiasme s'est mêlé dans les
adresses et discours publics, alors l'Em-

percur a été trompé ; mais ceux qui ont
tenu ce langage, doivent s'attribuer à
eux-mêmes la suite funeste de leurs flat-
teries.

» Le Sénat ne rougit pas de parler des
libelles publiés contre les gouvernemens étrangers : il oublie qu'ils furent
rédigés dans son sein. Si long-tems que
la fortune s'est montrée fidèle à leur souverain, ces hommes sont restés fidèles,
et nulle plainte n'a été entendue sur les
abus du pouvoir.

» Si l'Empereur avait méprisé les
hommes, comme on le lui a reproché,
alors le monde reconnaîtrait aujourd'hui
qu'il a eu des raisons qui motivaient son
mépris. Il tenait sa dignité de Dieu et
de la Nation, eux seuls pouvaient l'en
priver : il l'a toujours considérée comme
un fardeau ; et lorsqu'il l'accepta, ce fut
dans la conviction que lui seul était à

même de la porter dignement. Son bonheur paraissait être sa destination : aujourd'hui que la fortune s'est décidée contre lui, la volonté de la nation seule pourrait le persuader de rester plus long-tems sur le trône. S'il se doit considérer comme obstacle à la paix, il fait volontiers ce dernier sacrifice à la France. Il a en conséquence envoyé le prince de la Moskowa et les ducs de Vicence et de Tarente, à Paris, pour entamer des négociations. L'armée peut être certaine que son bonheur ne sera jamais en contradiction avec le bonheur de la France. »

Les négociations durèrent toute une semaine ; au bout de laquelle on vit paraître l'acte d'abdication ci-après :

Abdication.

« Les puissances alliées ayant proclamé que l'Empereur Napoléon était le seul obstacle au rétablissement de la paix en Europe, *l'Empereur Napoléon,* fidèle à son serment, déclare qu'il renonce, pour lui et ses héritiers, aux trônes de France et d'Italie, et qu'il n'est aucun sacrifice personnel, *même celui de la vie,* qu'il ne soit prêt à faire à l'intérêt de la France.

Fait au palais de Fontainebleau, le 11 avril 1804.

Signé NAPOLÉON. »

Quelque tems après les journaux anglais donnèrent ainsi le traité par lequel les puissances alliées assurent à Bonaparte la souveraineté de l'isle d'Elbe.

Traité conclu entre les puissances alliées et l'Empereur Napoléon.

Art. 1.er S. M. l'Empereur Napoléon renonce pour lui, ses successeurs et descendans, ainsi que pour tous les membres de sa famille, à tout droit de souveraineté et domination, tant sur l'Empire Français que sur le Royaume d'Italie, et tout autre pays.

2. LL. MM. l'Empereur Napoléon et Marie-Louise conserveront *leurs titres et rang*, pour en joüir pendant leur vie. La mère, les frères, sœurs neveux et nièces de l'Empereur, conserveront aussi, en quelque lieu qu'ils résident, les titres de Princes de sa famille.

3. L'isle d'Elbe que l'Empereur Napoléon a choisie pour le lieu de sa résidence, formera, pendant sa vie, une principauté séparée, qu'il possédera en toute souveraineté et propriété. Il sera en outre accordé, en toute propriété à l'Empereur Napoléon, un revenu annuel de deux millions de francs, qui sera porté comme rente sur le grand-livre de

France, de laquelle somme un million sera reversible à l'Impératrice.

4. Les duchés de Parme, de Plaisance et de Guastalla seront donnés en toute propriété et souveraineté à S. M. l'Impératrice Marie-Louise ; ils passeront à son fils et à ses descendans en ligne directe. Le Prince son fils prendra à l'avenir le titre de Prince de Parme, de Plaisance et de Guastalla.

5. Toutes les puissances s'engagent à employer leurs bons offices auprès des états Barbaresques, pour faire respecter le pavillon de l'isle d'Elbe ; et à cet effet les relations avec ces états seront assimilées à celles de la France.

6. Il sera réservé dans les territoires auxquels il est par le présent renoncé, à S. M. l'Empereur Napoléon, pour lui et pour sa famille, des domaines ou des rentes sur le grand-livre de France ,

produissant un revenu, libre de toutes charges ou déductions, de deux millions cinq cents mille francs. Ces domaines ou rentes appartiendront en toute propriété aux Princes et princesses de sa famille, qui pourront en disposer comme ils le jugeront à propos. Ils seront partagés ent'eux de manière à ce que chacun d'eux ait les revenus suivans :

Madame mère, 300,000 francs ; le roi Joseph et sa femme, 500,000 francs ; le roi Louis, 200,000 francs ; la reine Hortense et ses enfans, 400,000 francs ; le roi Jérôme et sa femme, 500,000 francs, la princesse Eliza (Bocciochi), 200,000 francs ; la princesse Pauline (Borghèse) 300,000 francs.

Les Princes et Princesses de la maison de l'Empereur Napoléon retiendront en outre les propriétés mobiliaires et

immobiliaires, de quelque nature que ce
soit, qu'ils posséderont par droit public
et individuel, et les rentes dont ils joui-
ront aussi (comme individus).

7. La pension de l'Impératrice Joséphine sera réduite à un million en domaines ou inscriptions sur le grand-
livre de France; elle continuera de jouir
en toute propriété, de ses propriétés
personnelles, mobiliaires ou immobiliaires, avec faculté d'en disposer conformément aux lois de la France.

8. Il sera formé un établissement convenable, hors de France, au prince
Eugène, vice-roi d'Italie.

9. Les propriétés que l'Empereur Napoléon possède en France, soit comme
domaines extraordinaires, soit comme
domaines particuliers attachés à la couronne, les fonds placés par l'Empereur,
soit sur le grand-livre de France, soit à

la banque de France, en actions des forêts, ou de toute autre manière, et que S. M. abandonne à la couronne, seront réservés comme un capital qui n'excédera pas deux millions, pour être employés en gratifications aux personnes dont les noms seront portés sur une liste signée par l'Empereur Napoléon, et qui sera transmise au gouvernement Français.

10. Tous les diamans de la couronne resteront en France.

11. S. M. l'Empereur Napoléon remettra au trésor public, et aux autres caisses, toutes les sommes qui auront été prises par ses ordres, à l'exception de ce qui a été approprié à la liste civile.

12. Les dettes de la maison de S. M. l'Empereur Napoléon, telles qu'elles existaient le jour de la signature du pré-

14

sent traité, seront payées sur l'arriéré
dû par le trésor public à la liste civile,
d'après l'état qui sera signé par une commission nommée à cet effet.

13. Les obligations du Mont-Napoléon
(mont-de-piété) de Milan, envers les
créanciers français ou étrangers, seront
acquittées, à moins qu'il n'en soit au-
trement convenu par la suite.

14. Tous les passeports nécessaires
seront délivrés pour laisser passer libre-
ment S. M. l'Empereur Napoléon, l'Impératrice, les Princes, les Princesses et
toutes les personnes de leur suite qui
voudraient les accompagner, ou s'établir hors de France, ainsi que leurs
équipages, chevaux et effets ; en conséquence les puissances alliées fourniront
des troupes pour les escorter.

15. La garde impériale française four-
nira un détachement de douze ou quinze

cents hommes de toutes armes, pour servir d'escorte à l'Empereur Napoléon jusqu'à Saint-Tropez, lieu de son embarquement.

16. Il sera fourni une corvette et les bâtimens nécessaires pour transporter S. M. l'Empereur Napoléon et sa maison, et la corvette appartiendra en toute propriété à S. M. l'Empereur.

17. L'Empereur Napoléon pourra prendre avec lui et retenir comme sa garde, quatre cents hommes, officiers, sous-officiers et soldats volontaires.

18. Aucuns Français qui auraient suivi l'Empereur Napoléon ou sa famille, ne seront censés avoir perdu leurs droits de français, en ne retournant pas dans le cours de trois ans ; au moins ils ne seront pas compris dans les exceptions que le gouvernement français se réserve de faire à l'expiration de ce terme.

19. Les troupes polonaises de toutes armes auront la liberté de retourner en Pologne, et garderont leurs armes et bagages comme un témoignage honorable de leurs services; les officiers et soldats conserveront les décorations qu'ils ont obtenues et les pensions qui y sont attachées.

20. Les hautes puissances alliées garantissent l'exécution du présent traité, et s'engagent à obtenir qu'ils soit accepté et garanti par la France.

21. Le présent acte sera ratifié, et les ratifications échangées à Paris dans deux jours.

Fait à Paris, le 5 avril 1814 (*).

Signé METTERNICH; STADION; RASOU-

---

(1) Quelques brochures donnent au traité la même date qu'à l'abdication; il est probable que celle-ci doit être postérieure à l'autre.

MOUSKI; NESSELRODE; CASTLEREAGH; A,
HARDEMBERG; NEY et CAULAINCOURT.

En conséquence de ce traité, l'ex-
Empereur partit de Fontainebleau le 20
avril, à midi. Il n'avait dans sa voiture
que le général Bertrand, officier Français qui s'était offert de lui-même pour
l'accompagner. Quatre généraux alliés,
un Anglais, un Russe, un Autrichien et
un Prussien suivaient dans plusieurs voitures et sous l'escorte de 25 cavaliers
seulement.

La route qu'ils suivirent traverse le Ni-
vernais, le Bourbonnais et le Lyonnais ;
jusqu'à Avignon les mesures avaient été
prises pour assurer le libre passage des
voyageurs; mais dans cette dernière ville,
la voiture de Bonaparte fut entourée
par des furieux qui proférèrent contre
lui tout ce que peut suggérer la haine

la plus violente. Les officiers étrangers
furent obligés de descendre de leurs voitures , et pérorèrent long-tems avant de
rétablir le calme et de dissiper la foule
qui obstruait le passage. Des scènes du
même genre se passèrent à Orgon , à
Lambesc , à Saint-Cannat ; dans cette
ville , les glaces de la voiture furent
brisées , ce qui détermina Bonaparte à
prendre un costume russe , et à poursuivre son chemin dans un mauvais ca-
briolet ; tandis qu'un officier allié pre-
nait les devans pour prévenir de nouvelles aggressions.

A Aix , le sous-préfet fit fermer les
portes de la ville pour empêcher la popu-
lation de se porter au-dehors, où les voitures prenaient des relais Il commanda
de fortes patrouilles qui firent respecter
cette disposition, et se porta lui-même
en avant pour assurer la route de Fré-

jus, au moyen des gendarmes qu'il avait pris avec lui.

Enfin, le 28 avril, Bonaparte s'embarqua pour l'isle d'Elbe, au port de St.-Rapheau, le même où il aborda lors de son retour d'Egypte.

ANECDOTES

ET EXTRAITS

DE QUELQUES PAMPHLETS.

Réception de Bonaparte *à l'île d'Elbe.*

Le 3 mai 1814, à six heures du soir, une frégate anglaise mouilla dans la rade de Porto-Ferrajo; elle mit à terre plusieurs officiers d'état-major, Russes, Anglais et Autrichiens, avec deux généraux Français qui avaient accompagné l'ex-Empereur Napoléon à bord de la frégate. Un de ces officiers ayant officiellement notifié au commandant du port l'arrivée de ce fameux personnage, on fit, dans la nuit, des préparatifs pour le recevoir; toutes les autorités furent

convoquées pour assister le lendemain
à la cérémonie de son entrée.

Le 4, au matin, un détachement de
troupes apporta dans la ville, un drapeau
envoyé par le ci-devant Empereur, et
qui fut à l'instant arboré sur le fort de
l'Etoile, au bruit de plusieurs salves
d'artillerie. Ce drapeau était sur un fond
blanc parsemé d'abeilles, avec les armes
de Bonaparte, réunies à celles de l'île par
une barre rouge.

Peu de tems après, Bonaparte des-
cendit à terre avec toute sa suite : il fut
salué par l'artillerie des forts, de cent un
coups de canon : la frégate anglaise répondit par vingt-quatre coups, à cette
salve. Napoléon était vêtu d'une redin-
gotte bleue par-dessus un habit riche-
ment brodé en argent; il portait une dé-
coration particulière, et paraissait jouir
de la meilleure santé. A son entrée dans

la ville , les troupes étant sous les armes, il fut reçu par les différentes autorités , par le clergé , et un grand nombre d'ha. bitans que la curiosité avait attirés à ce spectacle.

Après une courte harangue, le maire lui présenta les clefs de la ville. Bonaparte se rendit ensuite avec son cortége militaire , civil , ecclésiastique, à la cathédrale , où l'on chanta un *Te Deum*. A la sortie de l'église, il fut conduit au palais de la Mairie, qui était provisoirement destiné pour son habitation. Il y fut, de nouveau, complimenté par les autorités et les employés supérieurs. Il parla à chacun avec une extrême gaîté , faisant différentes questions relatives au pays.

On remarqua entr'autres les phrases suivantes :

« Lorsque j'eus la certitude que la

» guerre ne se faisait plus à la France;
» mais à moi, j'étais trop attaché à cet
» état pour ne pas faire tout ce qui lui
» était le plus convenable. L'abdication
» du trône est pour moi un léger sacri-
» fice, s'il doit être utile à la France.
» J'ai abdiqué de bonne volonté. »

Après quelques instans de repos, il
monta à cheval, et alla visiter avec
toute sa suite, Marciana, Campo, Capo-
Liveri et Rio. De retour à Porto-Ferrajo, il donna un grand dîner à toutes
les autorités.

Le même jour, on publia la proclamation suivante :

« Habitans de l'île d'Elbe !

» Les vicissitudes humaines ont conduit au milieu de vous l'Empereur Napoléon; et son propre choix vous le
donne pour souverain. Avant d'entrer
dans vos murs, votre auguste et nou-

veau monarque m'a adressé les paroles
suivantes, que je m'empresse de vous
faire connaître, parce qu'elles sont le
gage de votre bonheur futur.

« *Général, j'ai sacrifié mes droits*
aux intérêts de la patrie, et je me suis
réservé la propriété et la souveraineté
de l'île d'Elbe ; toutes les puissances ont
consenti à cet arrangement. Faites con-
naître aux habitans cet état de choses ,
et le choix que j'ai fait de leur île pour
mon séjour, en considération de la dou-
ceur de leurs mœurs et de leur climat :
dites-leur qu'ils seront l'objet de mon
intérêt le plus vif....»

» Habitans de l'île d'Elbe, ces paroles
n'ont pas besoin de commentaire : elles
formeront votre destinée. L'Empereur
vous a bien jugés. Je vous dois cette justice et je vous la rends.

« Habitans de l'île d'Elbe, je m'éloi-

gnerai bientôt de vous ; cet éloignement
me sera pénible, parce que je vous aime
sincèrement ; mais l'idée de votre bonheur adoucit l'amertume de mon départ ; et, en quelque lieu que je puisse
être, je me rapprocherai toujours de
cette île, par le souvenir des vertus de
ses habitans.

» Porto-Ferrajo, 4 mai 1814.

» *Le général de Brigade,*

» *Signé* DALESME. »

---

*Scène relative à la Renonciation du
roi Ferdinand au trône des Espagnes.*

... . Le 5 du...mois de mai, l'Empereur alla rendre visite au roi et à la reine.
Il resta en conférence jusqu'à 5 heures,
et le roi Ferdinand fut ensuite mandé
par son auguste père, pour entendre,

en présence de la Reine et de l'Empereur, des expressions si dégoûtantes et si humiliantes, que je n'ose pas les mettre sur le papier. Tous étaient assis, excepté le roi Ferdinand, à qui son père ordonna de faire une renonciation absolue de la couronne, sous peine d'être traité, avec toute sa maison, comme usurpateur du trône et conspirateur contre la vie de ses parens.

S. M. aurait préféré la mort; mais ne voulant pas entraîner dans ses malheurs tant de personnes que la proscription devait atteindre également, il consentit à faire une nouvelle renonciation, laquelle offre tous les caractères de la contrainte et de la violence.

(*Extrait de la brochure publiée en Espagne, au mois de septembre 1808, par don Cevallos, premier secrétaire-d'état du roi Ferdinand.*)

Madame la Duchesse de Weimar.

Maître des états du duc de Weimar, qu'il avait conquis par la force de ses armes, Bonaparte faisait son entrée dans la capitale de ce prince. En arrivant au palais électoral, il trouve sur le perron du grand escalier, une dame qui le reçoit avec tout le cérémonial prescrit par l'étiquette. « Qui êtes-vous, madame, lui dit-il ? — Je suis la duchesse de Weimar. — Je vous plains, j'écraserai votre mari... Comment a-t-il pu être assez fou pour me faire la guerre? — Votre Majesté l'eût méprisé s'il ne l'eût point fait. — Comment cela ? — Mon époux a été au service du roi de Prusse pendant plus de trente ans : assurément ce n'était pas au moment où le roi avait à lutter *contre un ennemi aussi puissant que Votre Majesté* que le duc devait l'abandonner. »

Cette réponse, où brillait une présence d'esprit peu commune, eût pour effet de soustraire le duc de Weimar à la vengeance de l'Empereur irrité contre lui.

Menace Impériale.

L'envoyé de la République Helvétique, ayant proféré devant Bonaparte quelques expressions qui le chóquèrent. « Monsieur, lui dit-il, si je rêve à minuit, je fais marcher avant l'aurore soixante mille hommes, et je vous réunis à mon Empire. »

Ce mot est de 1812, et celui qui le disait, avait encore tout pouvoir : les choses changèrent de face en bien peu de tems.

Bonaparte à Varsovie.

On attribue à Napoléon le discours suivant, prononcé dans la capitale de la Pologne, le 5 décembre 1812, en présence de l'ambassadeur de France, des généraux, des ministres de la nation polonaise.

« Personne ne pouvait prévoir cette issue malheureuse d'une campagne commencée si glorieusement. *J'ai commis deux fautes*, d'être allé à Moscou et de m'y être arrêté si long-tems. On me blâmera peut-être ; cependant c'était une grande et audacieuse mesure : mais du sublime au ridicule le pas est petit. La postérité jugera. Je n'ai pas été battu par les Russes, mais je n'ai pu vaincre les élémens. Je n'ai pas manqué de provisions ; c'est le froid excessif seul qui est la cause de mes désastres. Dans l'espace de peu de jours, *j'ai perdu trente-cinq mille chevaux.* Le soldat français et allemand, ainsi que les chevaux ne sont pas faits pour le climat, ils ne résistent pas au froid; *passé sept degrés ils ne sont plus bons à rien.* Généraux et officiers, je n'ai plus trouvé personne à son poste.

» Jusqu'au 6 novembre, *j'étais maître de l'Europe, je ne le suis plus.* J'ai été pendant dix-sept jours, privé de toute communication. Je sais qu'on travaille l'Allemagne; il faut que j'aille à Paris pour surveiller *Berlin* et *Vienne* et voir ce qui s'y passe. Mes soldats m'ont prié de quitter l'armée, ma présence n'y était plus nécessaire; l'armée n'est actuellement pas si grande que mes généraux ne la puissent conduire. Je m'arrêterai une heure à Dresde pour parler au roi, et poursuivrai ainsi ma route jusqu'à Paris ; *j'y tomberai comme une bombe.* Le lendemain on sera si étonné de mon retour, que l'on ne parlera plus d'autre chose dans la capitale et dans toute la France, et l'on oubliera ce qui m'est arrivé. *Il me faut de l'argent et des bras ;* je vais en chercher. Je me prépare une nouvelle armée de 300,000 hommes, avec laquelle je marcherai le printems prochain et *je détruirai les Moscovites.* Je suis extrêmement content des troupes polonaises ; aucune ne les égale en courage, en persévérance, en bonne discipline. L'armée française n'est plus ce qu'elle a été. Elle a perdu toute discipline ; je ne la connais plus.

Le général en faction.

On rapporte de Bonaparte un trait qui paraît copié sur Charles XII, à la bataille de Pultava.

Dans la nuit qui suivit la bataille d'Arcole, le général en chef se déguisa en simple officier, et alla parcourir le camp français. Il trouve une sentinelle endormie, la tête appuyée sur la crosse de son fusil. Aussitôt il saisit le pauvre diable, le pose doucement à terre, s'empare du fusil et fait le reste de la faction. Au bout des deux heures prescrites, on vient relever la sentinelle. Le dormeur s'éveille au bruit du *qui vive*, et frémit en voyant un officier à sa place; sa terreur redouble quand il reconnaît le général. « Bonaparte, s'écrie-t-il, je suis perdu! — Non, mon camarade, reprend le général : après tant de fatigues, un peu de repos est bien permis au brave ; mais une autrefois, choisis mieux ton tems.

Extrait du discours de l'Empereur au Corps-Législatif, en le congédiant.

« J'ai fait, dit-il, supprimer l'impression de votre adresse : elle est *incendiaire.* Les onze douzièmes du corps-législatif sont de bons citoyens ; mais un douzième renferme des factieux et de mauvais citoyens ; votre commission est de ce nombre. Lainé est un traître vendu à l'Angleterre. Ce n'est pas dans le moment où il faut chasser l'ennemi de nos frontières, que l'on doit exiger de moi un changement de constitution. Vous n'êtes point les *représentans de la nation,* mais les *députés des départemens.* Le corps-législatif n'est qu'une partie de l'état, qui ne peut même entrer en comparaison avec le conseil d'état et le sénat. J'ai été choisi par quatre millions de Français, pour monter sur ce trône ; moi seul, *je suis le représentant du peuple.*

Qui de vous pourrait se charger d'un tel fardeau? Ce trône n'est que du bois recouvert de velours : *le trône, c'est moi.* Si je voulais vous croire, je céderais à l'ennemi *plus qu'il ne me demande.* Vous aurez la paix dans trois mois, *ou je périrai.* Nous irons chercher l'ennemi, *et nous le renverserons.* Je ne suis à la tête de cette nation que parce que son gouvernement *me convenait.* Si la France exigeait une nouvelle constitution, je lui dirais de chercher un autre roi. C'est contre moi que l'ennemi s'acharne encore plus que contre la France.

» Retournez dans vos foyers ! je le le répète, les onze-douzièmes du corps-législatif sont animés du meilleur esprit; et, si parmi vous, il s'en trouvait un qui *fasse* imprimer le rapport, je le ferai mettre dans le Moniteur, *avec des notes que je rédigerai.*

» En supposant même que j'eusse des torts, vous ne deviez pas me faire des reproches publics; *c'est en famille qu'il faut laver son linge sale : on ne doit pas appeler tout le monde pour le voir laver. La France a plus besoin de moi que je n'ai besoin de la France.*

Troyes sauvée.

Bonaparte voyant qu'il ne pouvait rester plus long-tems à Troyes, fit appeler le maire, et lui déclara que dans la nécessité où il était de couvrir sa retraite, il croyait indispensable de brûler la ville : « Donnez donc, ajouta-t-il, les ordres nécessaires pour l'enlèvement de tout ce qu'elle contient de précieux : — Sire, répondit courageusement le maire, si le salut de la France l'exige, brûlez notre malheureuse cité; mais souvenez-vous qu'un jour Dieu jugera nos actions. »

Ces mots, pleins d'une noble franchise, empêchèrent l'Empereur de mettre son projet à exécution.

Le Suicide.

Au moment de son abdication, Bonaparte remarqua qu'on avait laissé à sa portée des armes destructives. Il parut croire que c'était dans le dessein de l'engager à les tourner contre lui-même, et dit avec un rire sardonique :

« On se tue par amour, *sottise ;* on se tue pour avoir perdu sa fortune, *Lâcheté ;* on se tue pour ne pas vivre déshonnoré, *Faiblesse :* mais survivre à la perte d'un empire, aux outrages de ses contemporains, *voilà le vrai courage.* »

Adieux à la vieille garde.

On dit que Bonaparte, avant de se sé-
parer de la vieille garde, prononça ce
discours :

« Je vous fais mes adieux. Depuis vingt
ans que nous sommes ensemble, je suis
content de vous : je vous ai toujours
trouvés sur le chemin de la gloire....

» Toutes les puissances de l'Europe se
sont armées contre moi, une partie de
mes généraux ont trahi leur devoir, la
France elle-même a trahi le sien. Avec
vous et les braves qui me sont restés
fidèles, j'aurais pu entretenir pendant
trois ans la guerre civile en France.....

» Soyez fidèles au nouveau roi que la
France a choisi ; soyez soumis à vos
chefs et n'abandonnez point votre patrie
trop long-tems malheureuse.

» Ne plaignez pas mon sort : je serai

16

heureux lorsque je saurai que vous l'êtes vous-mêmes.

» J'aurais pu mourir, rien ne m'était plus facile ; mais je veux suivre encore le chemin de la gloire ; j'écrirai ce que nous avons fait. Je ne puis vous embras-ser tous , mais j'embrasserai votre gé-néral. Venez, général (*Il l'embrasse*).

» Qu'on m'apporte l'aigle et que je l'em-brasse aussi (*il l'embrasse pareillement.*) Ah! cher aigle, que les baisers que je te donne retentissent dans la postérité!....

» Adieu mes enfans! adieu mes braves! Entourez-moi encore une fois. »

Certificat obtenu par Bonaparte à sa sortie de l'école de Brienne.

Bonaparte (*Napoléon*), né *le* 15 *août* 1769, taille de 4 pieds 10 pouces, 10 lignes, a fini sa quatrième année ; a bonne constitution, santé excellente, caractère soumis, honnête et reconnaissant; s'est toujours distingué par son application aux mathématiques; il sait très-passablement son histoire et sa géographie; il est assez faible dans tous les exercices d'agrément, et pour le latin; il n'a fait que sa quatrième classe. Sera un excellent marin.

(*Extrait du Napoléoniana.*)

Reste à savoir si la pièce est authentique; dans ce cas l'âge et le nom seraient véritables, car ne prévoyant pas sa grandeur future, Bonaparte n'avait alors aucun intérêt à falsifier ce certificat.

L'Eloge et la Satire.

On invitait un de nos littérateurs les plus distingués, à célébrer dans ses vers

la chûte de Bonaparte : « Cela n'est pas
mon affaire, dit-il ; adressez-vous à ceux
qui l'ont célébré pendant sa toute puissance. »

———————

Réflexion de madame de Staël.

« J'avais ramassé des matériaux pour
écrire l'histoire de Napoléon ; mais, *ré-
flexion faite*, je vois qu'ils ne me servi-
ront que pour les aventures de Bonaparte. »

Cela revient à ce mot très-sensé d'un
plaisant de profession : « Le gouvernement change, je change. »

(*Extrait du Napoléoniana.*)

———————

La veille d'Austerlitz.

On prétend que l'on entendit Bona-

parte dire, la veille de la bataille d'Austerlitz :

« Voilà la plus belle soirée de ma vie ;
mais je regrette de penser que je per-
drai bon nombre de ces braves gens. Je
sens, au mal que cela me fait, qu'ils
sont véritablement n.es enfans, et, en
vérité, je me reproche quelquefois ce
sentiment, car je crains qu'il ne me
rende inhabile à faire la guerre. »

L'intrépide.

Bonaparte menaçait un de ses principaux officiers qu'il ne trouvait pas assez
disposé à lui obéir : « Qu'est-ce que
cela me f.... (fait), répondit l'officier ; je
ne vous crains pas plus *qu'un boulet de
canon.*

Les souterrains de la capitale.

Quelques jours avant la bataille de Paris, un particulier, inquiet sur les suites du grand mouvement qui se préparait, cherchait un asile pour deux demoiselles dont il était le père. Une dame, leur amie, lui proposa une cachette souterraine, située sous un jardin de la rue Saint-Jacques; ils descendirent ensemble avec deux flambeaux, et virent, avec étonnement, une lumière qui s'avançait de leur côté; l'homme qui la portait était vêtu d'un uniforme militaire. — Que faites-vous ici, leur cria-t-il, avec un ton d'arrogance. — Je suis chez moi, répondit la dame. Ce souterrain est pratiqué sous le jardin de ma maison, il y communique, et personne n'a le droit de m'en interdire l'entrée. — Sachez, reprend l'homme inconnu, que tous les

souterrains sont à la disposition du gouvernement; chargé de ses pouvoirs, demain je ferai murer l'entrée de celui-ci.
— Il se retira et tint parole.

Les deux genres.

Bonaparte voulant se réconcilier avec
le Saint-Père, fut le trouver à Fontainebleau, et lui fit, dit-on, toutes sortes
de soumissions; à quoi Pie VII répondit seulement par ce mot: « Comœdia. »
L'Empereur outré de s'être abaissé vainement, s'emporta jusqu'à frapper Sa
Sainteté, qui ne fit entendre que ce mot:
« Tragœdia. »

(*Extrait des journaux*).

L'anneau prophétique.

On a remarqué, en Amérique, au

doigt de M. de Taillerand Périgord, depuis prince de Bénévent, un anneau sur le chaton duquel était gravés des lys couchés, avec cette légende : *Ils se relèveront un jour.* Les événemens de la guerre de 1814 ont vérifié en tout point cette prophétie.

———

Après la prise d'Ulm, Bonaparte, à la tête de sa garde, voyait défiler les Autrichiens devant l'armée française qui occupait les hauteurs d'Ulm. Il fit appeler les officiers de l'armée ennemie près de sa personne. « Messieurs, leur dit-il, votre maître me fait une guerre injuste, je vous le dis franchement, je ne sais pas pourquoi je me bats, je ne sais ce qu'on veut de moi. Ce n'est pas dans cette seule armée que consistent mes ressources. Cela serait-il vrai, mon armée et moi ferions encore bien du chemin. Mais j'en appelle au rapport de vos propres prisonniers qui vont bientôt traverser la France : ils verront quel esprit anime mon peuple, et avec quel empressement il viendra se ranger sous mes drapeaux. Voici l'avantage de ma nation et de ma position : *avec un seul mot, deux cents mille hommes de bonne volonté accourront près de moi, et en six semaines, seront de bons soldats ;* au lieu que vos recrues ne marcheront que par force et ne pourront qu'après plusieurs années faire des soldats.

» Je donne encore un conseil à mon frère l'Empereur d'Allemagne : qu'il se hâte de faire la paix. C'est le moment de se rappeler *que tous les Empires ont un terme.* L'idée que la fin de la dynastie de Lorraine est arrivée doit l'ef-

frayer. Je ne veux rien sur le continent :
*ce sont des vaisseaux, des colonies, du
commerce que je veux,* et cela vous
est avantageux comme à nous. »

Monsieur Mack a répondu que l'Empereur d'Allemague n'aurait pas voulu
la guerre, mais qu'il y a été forcé par
la Russie.

En ce cas, a répondu l'Empereur,
vous n'êtes donc plus une puissance.

———

Prophétie d'un Bonaparte.

« Vous avez tort, disait-on, à l'un
des frères de l'Empereur, de ne pas vous
accommoder avec les alliés ; les Bourbons arrivent à grands pas, et je vous
en avertis, ils seront bien acceuillis dès
qu'ils se présenteront. — Les Bourbons !
ah bien oui, les Bourbons ! vous n'y

pensez pas; les Bourbons *ne sont nulle-
ment à craindre.* »

L'événement a vérifié cette prédic-
tion.

———————

Affiche dramatique.

Deux ou trois jours après l'arrivée de
Bonaparte à Paris, à la suite de l'affaire
de Leipsick, on trouva, dit-on, cette af-
fiche collée sur les murs du palais impérial.

Théatre des Tuileries.

Aujourd'hui et jours suivans,

Une réprésentation du *Déserteur*,
drame en quatre actes, orné de tout son
spectacle.

N. B. Le premier acte se passe en
Egypte, le second en Espagne, le

troisième en Russie, et le quatrième en Allemagne.

En attendant un cinquième et dernier acte, dont la scène aura lieu en France.

———

Motion contre le luxe.

Un conscrit de 1815 cherchait à se faire exempter, sous prétexte qu'il était borgne. « Bon, lui dit le fonctionnaire public qui recevait sa réclamation, vous n'avez besoin que d'un œil pour ajuster votre coup de fusil, l'autre serait de luxe.

———

Détails sur l'Arrestation et la Mort de Monsieur le duc d'Enghien

La maison que le prince habitait à

Ettenheim, fut investie dans la nuit du
14 au 15 mai 1804, par le corps de
troupes illégalement envoyées sur le territoire de Bade. Le duc d'Enghien,
éveillé par le bruit, s'imagine que des
brigands viennent l'assaillir ; il saute au
bas du lit, s'arme d'un fusil, et se place
à la fenêtre, accompagné d'un valet de
pied nommé Joseph, pour qui les dangers ne sont pas une source d'effroi,
quand c'est pour son maître qu'il les
affronte.

« Qu'allez-vous faire, dit au prince
le baron de G*** premier gentilhomme, *ce sont les Français,* toute résistance
est inutile ; et le prudent gentilhomme
lui arrache son arme ; puis il ajoute : si
l'attaque est dirigée contre votre personne, daignez, Monseigneur, me permet-
tre de prendre votre nom; peut-être les
Français n'ont-ils pas votre signalement;

17

ce sera un moyen d'échapper de leurs mains. »

Le duc d'Enghien admire ce généreux dévouement, et non moins grand que le paraît son gentilhomme, lui refuse pendant quelques minutes le dangereux honneur qu'il sollicite. Il se rend enfin ; des grenadiers se présentent ; demandent le duc d'Enghien, et *personne* ne s'étant nommé, emmènent tous ceux qu'ils trouvent dans l'appartement, parce que, *comme l'avait prévu* le gentilhomme, ils n'ont point le signalement qui leur épargnerait une méprise.

Un moulin se trouvait sur la route ; on s'y arrête, on y trouve le bourguemestre d'Ettenheim (le bourg qu'habitait le prince); c'est lui qui désigne l'infortuné que l'on cherchait ; le voyage est continué jusqu'à Kappel, où l'on passe le Rhin. Arrivés à Rheinac, l'escorte y

trouvé une voiture *qui attendait* le
prince; on l'y fait monter; son gentilhomme veut y prendre place à côté de
lui; il est repoussé avec le sourire de
l'indignation; et le valet-de-pied qui
s'était, dès le premier instant, dévoué à
la défense de son maître, le fidèle
Joseph, est admis près de lui.

A Strasbourg, les prisonniers (car
le prince n'était pas la seule capture que
l'on eut faite dans l'Electorat), les prisonniers, dis-je, furent enfermés dans
la citadelle. Aux égards que lui témoi-
gnait le général de division et son état-
major, le duc d'Enghien crut pouvoir
espérer un traitement plus favorable. Il
fut cruellement détrompé dans la nuit du
17 mars; on l'éveille brusquement, on
le sépare de l'honnête Joseph qui sollicite en vain la faveur d'accompagner son
maître; il est seul chargé de chaînes,

emmené dans une voiture où se placent avec lui quatre gendarmes.

Il arrive ainsi le 20 Mars aux portes de cette même capitale où sa présence excitait jadis les transports les plus vifs. Mais au lieu d'y descendre, on le transfère au Palais de Vincennes, où la première personne qui le reconnait est sa sœur de lait, devenue femme du concierge du château.

Cette femme se récrie, le Prince oubliant ses malheurs l'accueille avec bonté. Il prend un léger repas, veut se livrer quelques instans au repos. On l'en empêche, on l'entraîne vers les onze heures dans une salle où l'attendent des juges qui lui lisent un espèce d'acte d'accusation dès long-tems préparé. De six articles dont il était composé, lés uns portaient sur sa conduite *anti-patriotique* dans les guerres de la révolution, les autres le taxaient de complicité avec les conspirateurs de Nivose. Vainement il démontra l'absurdité des uns et la non culpabilité des autres; son jugement fut prononcé à trois heures; à quatre il avait vécu (1).

Extrait de l'oraison funébre du même prince.

L'orateur, M. l'abbé de Bouvines, qui la prononça à Londres, apostrophait ainsi Bonaparte :

(1) Il fut, dit l'Auteur de *Bonaparte peint par lui-même*, fusillé par la gendarmerie d'élite, qui vient d'être licenciée; ce point est démenti dans l'Oraison funèbre du Duc d'Enghien, prononcée à Londres, par M. l'abbé de Bouvines. (*Voyez en l'extrait ci-après.*)

« Au récit de cet attentat nouveau, ils frémiront d'horreur, ces peuples dont ton astucieuse politique parut adopter les dogmes, et chez qui le Nil ensanglanté atteste tes fureurs. L'humanité ne perd jamais ses droits, même dans leurs déserts.

» Saint-Louis, dans les fers, fut respecté par eux. Ils admirèrent sa noble fermeté, et reçurent sa rançon. Et toi, plus féroce que ces barbares, tu t'apprêtes à immoler son magnanime descendant, dans ces lieux mêmes où ce grand roi, tel qu'un père entouré de ses enfans, rendait la justice à son peuple, et dictait des arrêts de bienfaisance.

» Déjà s'avancent dans les ténèbres les cohortes sanguinaires, chargées d'accomplir l'œuvre d'iniquité... Le tyran veut que la nuit, complice de cet attentat, le couvre de ses ombres... Lui-même

il craint le jour, et tel que Caïn, après
son meurtre, il fuit dans des lieux écar-
tés, pour échapper à l'indignation qu'il
lirait dans tous les yeux. Mais le remords
l'attend dans la solitude à laquelle il se
condamne, il subira le terrible jugement
de sa conscience, pendant que ses satel-
lites exécuteront celui que sa rage a
prononcé.

» Tout-à-coup, à la lueur des torches
sinistres, je les vois qui se pressent au-
tour d'une enceinte marquée... Ils agi-
tent dans l'air des armes étincelantes.
Quel horrible sacrifice se prépare donc !
Sommes-nous ramenés à ce tems d'exé-
crable mémoire, où, dans la noire épais-
seur des forêts, les druïdes altérés de
sang, immolaient des infortunés sur
l'autel de leurs dieux impitoyables....
Ouvrez vos rangs, lâches et cruels sa-
crificteurs ! montrez-nous la victime !.,.

O ciel! protecteur de l'innocence!... Le jeune héros vient de frapper nos regards! ses traits, quoiqu'altérés, annoncent encore le calme d'un cœur qui fut toujours sans reproche, et sur son front, où se peint une noble fièreté, on peut lire quelle est son illustre origine.

» Français, le prince qui dès l'âge le plus tendre, combattit pour délivrer votre patrie du joug de ses tyrans, qui se couvrit de gloire en cherchant à vous venger, qui signala sa vie par tant d'actions honorables, et qui, dans la retraite, formait encore des vœux pour votre bonheur : tout va finir pour lui! Il va être sacrifié à la sombre politique, à la haine d'un étranger... Hélas! prêt à périr, il n'appelle pas même la vengeance sur ses assassins; il demande les secours de cette religion consolante, qui seule peut faire oublier l'injustice des tyrans; il

Invoque le Dieu de ses pères, et se pros-
terne devant le souverrain arbitre, dont
il ne méconnut jamais les saintes lois.
Mais il ne fléchira pas le genou devant
ses bourreaux. Il attendra leurs coups
avec cette mâle fermeté qu'il déployait
en affrontant les dangers et la mort. Ah !
de quels bras pourront partir ces coups
homicides?.... Grâces vous soient ren-
dues, ô mon Dieu ! vous n'avez pas permis que notre prince ait eu la douleur
de périr par la main des Français (1).

Epitaphe de Monseigneur le Duc d'Enghien.

Lors du service qui se fit à Saint-Pé—

---

(1) Les Memelucks furent, dit-on, chargés
de cette horrible exécution.

tersbourg, à la mémoire de ce prince;
on lisait sur le cénotaphe cette inscrip-
tion, en style lapidaire :

« Au grand et magnanime Prince.
Louis-Antoine-Henri
Bourbon-Condé, duc d'Enghein ;
Non moins digne de mémoire
Par sa valeur personnelle et celle de ses ancêtres,
Que par sa mort funeste.
Un monstre corse,
La terreur de l'Europe,
Le fléau du genre humain,
L'a dévoré à la fleur de son âge.

Anagrames.

Les faiseurs d'Anagrames ont, depuis le renversement du trône impérial,
imaginé les deux suivantes :

Dans *Bonaparte* — *Nabotparé.*

Dans

Napoléon Empereur des Français ,
Un Pape serf a sacré le noir démon.

Celle-ci n'est pas plus flatteuse pour
l'un que pour l'autre.

La France veut son Roi, se trouve
aussi, lettre pour lettre, dans *Révolu-*
tion Française. Il n'y a rien de trop
qu'un *i* et l'accent aigu du mot révolution.

———————

Pasquinades.

Tout le monde sait que Pasquin et
Marforio sont deux figures grotesques
au bas desquelles on écrivait à Rome
toutes les saillies satyriques qui passent
par la tête des habitans de cette ville.

Lors de l'approche des Français, on
fit dire à Marforio:

« Si dice che *tutti* i' nemici sono la-
droni. »

On dit que tous les ennemis sont des
larrons.

« No, répondait Pasquin, *no tutti*,
ma *buona-parto.* « Non, pas tout, mais
une bonne partie. (Buonaparte.)

———————

Calembourgs.

Après la retraite de Moscou, l'on disait tout bas à Paris, que l'Empereur
devait se bien porter, puisqu'il avait
laissé sa *garde-malade* en Russie; on
ajoutait qu'il avait ramené quelques soldats; mais qu'il n'était pas revenu de
sapeurs (sa peur.)

— Un gascon révolutionnaire soupi-
rait profondément en l'an 13, en regar-

dant un arbre de là liberté. Qu'avez-vous, lui demande-t-on? Je plains ce pauvre végétal; car je prévois que l'é-corce (*lé Corse*) l'étouffera. Si *lé corse* n'avait fait que cela !! !

— Bonaparte disait de Moreau : « C'est un homme étonnant *pour les retraites.* » Le général prouva, par des victoires, qu'il était *étonnant* dans plus d'un genre.

— Après un triomphe très - ensanglanté, un plaisant dit que Bonaparte avait pris la rue des *Boucheries* pour *la place des Victoires.*

—Un propriétaire, appelé à payer ses contributions, vit dans le bureau un portrait de Napoléon : Ah ! dit-il, quelle figure *imposante !*

—Bonaparte, à l'exemple de Louis-le-Grand, voulait se faire peindre en Soleil : « Qu'il se fasse peindre en Lune,

18.

dit un royaliste , nous le mettrons en *quatre quartiers.*

— Le même plaisant , passant sur le Pont-Néuf , vit le buste de l'Empereur en plâtre : « Je l'aimerais mieux *en terre*, dit-il. »

— Un autre , voyant effacer les N qui garnisaient tous les édifices publics du tems de Napoléon , s'écria : « Comment n'aurait-il pas succombé , avec des N mis par-tout ? (*des ennemis.*)

— Voici un jeu de mots prolongé qui courut encore après la retraite de Russie : « L'Empereur a ajouté à la *danse russe* des pas en *arrière* et une *échappée.* Sa conduite est d'ailleurs très-*édifiante* , puisqu'après avoir *bâti* des *châteaux en Espagne* , il vient de faire des *écoles* en Russie. »

FIN.

www.ingramcontent.com/pod-product-compliance
Lightning Source LLC
Chambersburg PA
CBHW060026100426
42740CB00010B/1615